성경의 쓸모

성경의 쓸모

100일 프로젝트, 1일 1그림 1에세이

AI 아티스트 임승탁 지음

이담북스

[추천사 1]

독자 여러분께,

　한국기독AI작가협회 대표이사인 제가 여러분에게 자신 있게 추천하는 책,
임승탁 작가의 100개의 성경 그림과 함께 읽는 에세이 『성경의 쓸모』는 신
앙과 예술이 어우러진 독특한 작품입니다.

　임승탁 작가는 저의 AI아트 제자로, 이 책을 통해 성경의 깊은 메시지를
현대적이고 창의적인 시각에서 재해석하여 독자들로 하여금 일상 속에서 신
앙의 의미를 재발견하도록 영감을 주고 있습니다.

　AI아트를 활용한 임승탁 작가의 작품을 통해 여러분은 성경을 좀 더 통찰
력 있게 읽으실 뿐만 아니라 여러분의 신앙 여정에 귀중한 길잡이가 될 것
이라 확신합니다. 여러분의 삶의 여정 속에 신앙과 삶, 예술이 어떻게 어우
러질 수 있는지 직접 체험해 보시길 바라며 이 책을 진심으로 추천합니다.

　　　　　　　　　　　　　　　　　- 노주나, 한국기독AI작가협회 대표이사

[추천사 2]

『성경의 쓸모』는 성경의 복잡하고 어려울 수 있는 내용을 예술적 이미지를 통해 접근성 있게 다루며, 이를 현대적 맥락에 맞게 재구성하여 제시합니다. 이 독창적 접근은 종교를 떠나 모든 이들이 깊이 있게 고민해볼 수 있는 계기를 마련합니다. 이미지와 연결된 에세이들은 성경의 영원한 가치들을 현대 사회와 개인의 삶에 적용할 수 있는 실질적인 방법을 탐색하게 함으로써, 독자에게 내면의 성찰과 영적 성장의 기회를 제공합니다. 성경이라는 오래된 나침반을 통해 현대의 복잡한 삶을 탐색하는 여정으로 독자들을 초대하는 이 책을 추천합니다.

– 한국 AI작가 협회 이사 김예은

그 어느 때보다 많은 것들이 무심코 버려지는 시대, 몇 번 사용하지 않은 채 쓰레기통에 버려진 성경책 한 권이 제 인생에 새로운 목표를 제시했습니다. 이 책은 제가 AI를 통해 성경의 그림을 그리는 도전을 시작하게 한 계기가 되었습니다. 처음에는 단순한 호기심에서 출발했지만, 100개의 성경 구절을 그림으로 옮기면서 저의 내면은 점차 깊어졌고, 그림 뒤에 담긴 에세이가 탄생했습니다. 이 책은 단지 그림과 글의 모음이 아닌, 기술과 영성이 어우러진 자기 발견의 과정을 담고 있습니다.

이 책의 성경 구절은 '개역 한글 성경' 내용을 사용하였으며, 각 작품은 미드저니와 DALL-E AI 그림 생성기를 통해 세상에 나왔습니다. 이들은 성경의 깊은 메시지를 현대적인 시각 언어로 전환함으로써, 독자들에게 성경 구절을 새롭고 다층적인 방식으로 경험할 수 있는 창을 엽니다. 에세이는 이 그림들과 함께, 성경 구절이 갖는 깊은 영적 의미와 현대 삶에 대한 적용을 할 수 있도록 돕습니다.

이 책은 고대 텍스트의 단순한 복제가 아닌, 성경의 메시지를 현대적 맥락에서 새롭게 해석하고자 하였습니다. 여기서 우리는 자신과 이 시대의 모습을 발견하고, 일상생활 속에서 성경의 교훈을 적용할 수 있는 방법을 찾아갑니다. 성경의 깊은 메시지를 통해, 독자들은 개인적인 성찰과 영적 성장을 경험할 수 있습니다.

100개의 성경 그림과 함께 읽는 에세이는 독자들에게 삶의 복잡함 속에서도 영적 가치를 찾고, 자신의 존재와 신념에 대해 깊이 생각해 볼 수 있는 기회를 제공합니다.

이 책은 단순히 책을 넘기는 것 이상의 경험을 제공하며, 성경이라는 오래된 나침반을 통해 신앙의 차원에 국한하지 않고 현대의 복잡한 삶을 탐색하는 자기계발의 길로 여러분을 초대할 것입니다.

이 책 『성경의 쓸모』는 고대와 현대를 잇는 다리가 되어, 성경의 깊이 있는 메시지와 그것이 오늘날 우리 삶에 주는 의미를 깨닫게 합니다. 그리고 100일 동안 1일 1그림, 1에세이를 보면서 여러분도 직접 그리고 쓰고 실천하는 도전을 한다면 여러분에게도 생각하지 못한 모습이 눈앞에 펼쳐질 것입니다.

이제, 100일 프로젝트로 여러분의 달라진 모습을 찾아 떠나 보실까요?

2024. 3. 26. 임승탁(리시안탁)

[목차]

제1장 구약

제2장 신약

고대와 현대. 영적인 가르침과 기술적 진보가 어떻게 서로 연결될 수 있는지를
추상적이고 예술적인 방식으로 표현(주제:모세와 율법)

구약

창세기 1:1 태초에 하나님이 천지를 창조하시니라

작품 제목: 창조의 아침

작품 설명: 이 그림은 성경의 창조 이야기를 우주적인 스케일로 표현하고 있습니다. 아래에 서 있는 어린이는 미래 세대가 창조된 세상을 바라보고 경이로움을 느끼는 모습으로, 창조의 아름다움을 계승하고 이어갈 책임을 상징합니다.

창조의 향기와 아침 커피의 여유

아침, 커피 한잔을 손에 들고 창밖을 바라보며 잠시 세상을 멈추는 순간이 있습니다. 그 순간, 우리는 하루를 시작하기 전의 고요함 속에서 스스로를 돌아보는 시간을 갖게 됩니다. 이 시간은 마치 천지창조의 그 순간처럼, 새로운 시작과 기회, 그리고 무한한 가능성을 품고 있는 것 같습니다.

천지창조의 순간은 무한한 에너지와 가능성, 그리고 새로운 시작의 상징입니다. 마찬가지로 아침 커피 한잔의 시간도 우리에게 그날을 어떻게 보낼 것인지, 어떤 선택을 할 것인지를 결정하는 중요한 순간입니다.

커피의 향기는 마음의 깊은 곳에 있는 우리의 감정과 생각을 깨워줍니다. 그 향기를 맡으면서 우리는 자신의 꿈과 희망을 생각하고 지난 시간의 회고를 하기도 하죠. 이런 순간 속에서 우리는 자신을 돌아보고, 삶의 방향을 잡을 수 있습니다.

때로는 이 세상의 복잡함과 혼란 속에서 우리는 자신의 목소리를 잃어버리기도 하죠. 하지만 아침의 조용한 커피 시간은 우리에게 자신의 목소리를 다시 찾을 수 있는 기회를 줍니다. 그 순간, 우리는 하나님의 창조의 순간처럼 자신의 삶을 다시 창조할 수 있습니다.

아침 커피 한잔의 여유로운 시간 속에서, 우리는 창조의 기적과 같은 새로운 시작의 기회를 맞이합니다. 그 순간을 잘 활용하여 스스로를 돌아보고, 삶의 의미와 방향을 잡아보세요. 그리고 그 날, 그 순간을 가장 아름답게 만들어가는 선택을 해보세요.

창세기 1장 천지창조의 역사

작품 제목: 창조의 심포니

작품 설명: 이 그림은 창세기 천지창조를 장엄하게 표현한 작품입니다. 빛에서 시작하여 생명의 탄생, 다양한 생물의 출현에 이르기까지 모든 창조의 순간들이 하나의 연속된 흐름 안에서 펼쳐집니다. 이 그림은 창조의 모든 단계를 시간과 공간을 초월해 한눈에 볼 수 있는 구성으로, 인간부터 우주까지 이어지는 삶의 다양한 국면을 포괄합니다. 캔버스에 담긴 각 생명체는 하나님의 창조적 에너지와 창의성을 반영하며, 이는 보는 이로 하여금 창조의 위대함과 생명의 경이로움을 새삼 느끼게 합니다.

창조의 울림 속에서 삶을 읽다

우리의 존재는 창조의 서사에서 시작됩니다. 창세기에 담긴 천지창조의 이야기는 단순한 시작의 묘사가 아니라, 우리의 인생 자체입니다. 세상이 탄생한 순간부터 인류의 등장까지, 이 역사적 서사는 우리에게 우주 만물 안에서 자신의 존재를 다시 생각해보게 합니다.

우리는 천지창조의 순간을 통해 인생의 본질적인 질문들과 마주하게 됩니다. 우리는 어디에서 왔으며, 왜 여기에 있으며, 어디로 가고 있는가? 이 질문들은 우리 각자의 삶 속에서 개별적인 해답을 찾아야 하는 것들이죠. 창조의 순간은 우리에게 가능성의 세계를 열어주며, 우리 삶의 잠재성을 상기시킵니다.

창조의 과정은 우리에게 삶이란 끊임없는 변화와 성장의 과정임을 가르칩니다. 우리는 새로운 것을 배우고, 오래된 것을 재해석하며, 때로는 예상치 못한 도전에 맞서 싸워야 합니다. 우리가 매일 경험하는 작은 창조들은 우리의 삶을 풍요롭게 만들고, 더 큰 이해와 지혜로 이끕니다.

우리 삶의 각 단계는 천지창조의 일곱 날과 같습니다. 태어나고 성장하며, 배우고, 사랑하고, 잃고, 다시 발견하는 과정 속에서 우리는 우리 자신을 재창조합니다. 우리 각자의 삶은 하나님의 초기 설계를 넘어 우리의 손으로 이루어지는 끊임없는 재창조의 행위입니다.

우리는 모두 재창조자이며, 매 순간을 재창조의 일부로 만들어가는 참여자들입니다. 우리는 삶이라는 거대한 그림 안에서 하나님의 계획을 계속해서 발견하고 실현해나가는 과정을 지속해야 합니다. 힘이 남아 있을 때까지!

창세기 19:26 롯의 아내는 뒤를 돌아본 고로 소금 기둥이 되었더라

작품 제목: 롯의 아내_뒤돌아본 순간

작품 설명: 이 그림은 소돔과 고모라의 멸망에서 살아남기 위해 도망치는 롯의 가족을 중심으로 합니다. 하나님의 명령을 어기고 뒤돌아본 롯의 아내가 소금 기둥으로 변하는 순간을 강렬하고 드라마틱하게 포착하고 있습니다. 배경에는 불길이 치솟는 도시와 도망치는 사람들이 표현되어 있으며, 롯의 아내는 충격과 슬픔이 묻어나는 표정으로 묘사되어 있습니다. 이 장면은 순종과 불순종, 그리고 그 결과에 대한 교훈을 상징적으로 나타냅니다.

과거의 그림자에 발이 묶인 순간

우리 마음에는 서두를 길이 있습니다. 그러나 우리 발걸음은 뒤돌아보며 망설이는 롯의 아내처럼 무겁기만 합니다. 롯의 아내가 뒤를 돌아보다가 소금 기둥이 되어 버린 것처럼, 우리 삶에서도 과거에 얽매여 미래로 나아가지 못하는 순간들이 있습니다.

우리는 누구나 과거의 추억이나 결정에 대한 미련을 가지고 있죠. 때로 그 미련은 우리의 마음을 가득 채우며, 앞으로 나아가야 할 길에서 우리를 붙잡아두기도 합니다. 그 미련은 향수 어린 회상일 수도, 잘못된 결정에 대한 후회일 수도 있습니다. 하지만 그것이 우리의 발걸음을 멈추게 할 때, 우리는 롯의 아내처럼 갈 길을 잃고 맙니다.

그렇게 우리는 현재를 살면서도 과거의 그림자 안에 갇혀버리게 되는 경우가 있습니다. 우리의 눈앞에 펼쳐진 미래보다 더 매력적으로 느껴지는 과거의 환영에 우리의 시선이 머물게 되는 것이죠. 그 환영은 우리를 따뜻하게 감싸지만, 결국 우리를 현실과 멀어지게 만듭니다.

우리는 과거에 얽매이지 않고 현재를 살며, 미래를 향해 나아가야 합니다. 과거의 추억이나 오류는 우리 삶의 일부이지만, 우리를 정의하지는 않습니다. 우리는 과거에서 배운 교훈을 가슴에 품고, 새로운 가능성으로 가득 찬 미래로 나아가야 해요.

과거를 뒤돌아보는 것이 우리를 멈추게 하지 않도록, 앞으로 나아가야 할 길에 집중하세요. 우리의 마음이 과거에 머무를 때마다, 롯의 아내를 생각하며 우리에게 앞으로 나아가라고 속삭이는 내면의 소리를 들어보세요.

4일 차

창세기 25:34 야곱이 떡과 팥죽을 에서에게 주매 에서가 먹으며 마시고 일어나서 갔으니 에서가 장자의 명분을 경홀히 여김이었더라

작품 제목: 가치의 소중함

작품 설명: 이 그림은 사냥에서 돌아온 후 극심한 배고픔을 느끼는 에서가 그의 장자의 명분을 동생 야곱에게 팥죽 한 그릇으로 바꾸어버리는 순간을 묘사하고 있습니다. 에서는 팥죽을 먹고 있는 모습으로, 순간적인 욕구에 굴복한 깊은 후회와 상실감을 내포하고 있습니다. 반면, 뒤에서 형을 쳐다보고 있는 야곱은 자신의 이익을 계산하는 듯한 모습입니다. 이 장면은 즉흥적인 결정이 가져올 수 있는 장기적인 결과와 가치에 대한 교훈을 담고 있습니다.

부모의 편지: 현대사회의 유혹 속에서 가치 찾기

사랑하는 아들아, 딸아.

너희가 지금 세상에 발을 들이면서 느낄 것들, 그 모든 혼란스러운 유혹들에 대해 이야기하고 싶어. 현대사회는 너희에게 순간의 만족을 약속하는 팥죽 같은 것들로 가득 차 있어. 소셜 미디어의 '좋아요'에서부터, 하루아침에 성공할 수 있다는 유혹까지, 모든 것이 순간의 선택에 큰 가치를 두게 해.

하지만 기억해줘. 이 모든 것은 순식간에 사라질 수 있는 것들이야. 에서가 그의 장자권을 팥죽 한 그릇에 바꾼 것처럼, 너희도 중요한 것들을 그저 순간의 만족감으로 포기하진 않길 바란다. 장기적인 목표와 꿈을 위해, 때로는 단기적인 즐거움을 미루는 인내가 필요해.

너희 삶의 팥죽은 무엇일까? 그것은 단순한 유혹일 뿐이야. 진정한 가치와 성취는 시간과 노력을 필요로 하며, 그 과정 속에서 너희는 자신의 진짜 가치를 발견하게 될 거야. 순간의 선택이 오랜 후회로 남지 않도록, 무엇인가 결정할 때는 언제나 신중을 기하길 바란다.

사랑하는 나의 아들 딸아, 너희가 세상을 대하는 방식이 결국 너희의 인생을 결정할 거야. 순간적인 만족보다 더 큰 가치를 추구하는 너희가 되길 희망하며, 그 길에서 만날 모든 도전들을 지혜와 용기로 극복할 수 있을 거라 믿어. 너희의 삶에서 진정한 장자권을 찾아가길 바란다.

  너희를 늘 사랑하는,

  아빠, 엄마

창세기 39:12 그 여인이 그 옷을 잡고 가로되 나와 동침하자 요셉이 자기 옷을 그 손에 버리고 도망하여 나가매

작품 제목: 요셉의 거부_시험을 뿌리치다

작품 설명: 이 작품은 보디발의 아내가 요셉을 유혹하려 하지만, 요셉이 옷을 잡고 놓아주지 않으려는 그녀의 손에서 벗어나려고 안간힘을 쓰며 도망치는 순간을 포착하고 있습니다. 그림 속에서 요셉의 표정은 결연한 의지를, 여인의 표정은 당황과 분노를 나타내며, 이 둘 사이의 긴장감이 고조되고 있는 것이 느껴집니다. 이 장면은 유혹 앞에서 올바른 선택을 하는 것의 중요성과, 윤리적 원칙을 지키기 위한 개인의 고뇌를 강조합니다.

현대 유혹 속에서 올바른 길을 택하는 사람들

요셉처럼, 우리들도 각종 유혹의 매 순간 자신의 원칙과 가치를 지키는 도전에 직면합니다. 현대사회는 끊임없이 우리를 시험하며, 때로는 잘못된 방향으로 이끌 수 있는 매력적인 선택지를 제시합니다. 명예, 부, 인기 등과 같이 달콤하게 보이는 것들이 실제로는 우리의 삶을 파괴할 수 있는 함정일 때가 많습니다.

유혹의 순간에 직면했을 때, 우리는 결단력이 필요합니다. 올바른 길을 택하는 것이 단기적으로 어려움을 겪을 수 있지만, 장기적으로는 자신의 명예와 신뢰를 지키는 길임을 명심해야 합니다.

사회적 압박이나 유혹에도 불구하고, 자신이 옳다고 믿는 길을 걷는 것은 결코 쉬운 일이 아닙니다. 하지만 내면의 소리에 귀를 기울이고, 자신의 양심을 따르는 것은 결국에는 우리의 삶을 더욱 풍부하고 의미 있는 것으로 만들어줄 것입니다.

그 길이 때로는 외롭고 힘들겠지만, 여러분을 지켜줄 거예요.

6일 차

출애굽기 15:2 여호와는 나의 힘이요, 노래시며, 나의 구원이
시로다. 그는 나의 하나님이시니 내가 그를 찬송할 것이요,
내 아비의 하나님이시니 내가 그를 높이리로다

작품 제목: 찬양하는 모세_시대를 초월한 예배

작품 설명: 이 작품은 모세가 현대적인 악기인 기타를 연주하며 하나님을 찬양하는 모습을 상상
력을 동원하여 현대적으로 재해석한 것입니다. 그의 눈빛과 표정에서는 신에 대한 깊
은 사랑과 감사함이 느껴지며, 활화산과 휘몰아치는 구름은 출애굽기의 역동적인 사
건들을 연상시킵니다.

삶의 찬양 속에서 희망과 위로 찾기

우리 각자의 삶은 고유한 멜로디를 가지고 있습니다. 그래서 험난한 환경이 찾아올지라도 우리는 자신만의 찬양을 지속해야 합니다.

현대사회의 복잡함 속에서 우리는 다양한 도전에 직면합니다. 우리의 문제들은 활화산처럼 위협적일 수 있고, 불확실한 미래는 구름과 같이 모호하게 다가옵니다. 그러나 우리의 삶에서도 희망과 긍정의 선율을 찾을 수 있습니다. 우리 내면의 강인함과 믿음이 그 연주를 가능하게 하는 것이죠.

찬양은 단순히 노래의 형태에 국한되지 않음을 볼 수 있습니다. 우리의 행동, 생각 그리고 삶의 태도 자체가 찬양이 될 수 있습니다. 현재의 자원과 상황을 사용하여 우리의 삶을 찬양의 도구로 만들 수 있습니다.

이러한 찬양은 타인에게 도움을 줄 수 있습니다. 우리의 긍정적인 생각과 행동은 다른 이들에게 빛과 같이 작용하여, 그들의 어둡고 힘든 시간을 밝힐 수 있습니다. 우리의 삶이 표현하는 찬양은 긍정의 선율이며 주변 사람들에게 힘을 줄 수 있습니다.

자기 자신에게는 희망과 위로를, 다른 이들에게는 빛의 나눔을!

7일 차

출애굽기 20장 모세의 십계명

작품 제목: 시내산에서의 계시

작품 설명: 이 그림은 모세가 시내산에서 십계명을 받는 순간을 묘사합니다. 모세는 두 돌판에 새겨진 십계명을 받아 한 손에 들고 있고 다른 손은 날아오는 돌판을 받으려고 하고 있으며, 주변은 천둥과 번개가 치는 드라마틱한 장면으로 신의 존재와 인류에게 전달된 법의 중대함을 상징화합니다. 빛과 어둠이 교차하는 하늘과 거친 산맥은 이 역사적 순간의 경외감과 영적 중요성을 강조합니다.

현대 삶에 던지는 십계명의 도전

시내산의 꼭대기에서 내려온 모세는 손에 십계명이 새겨진 두 돌판을 들고 있었습니다. 이 계명들은 단순한 지침 이상의 것이었습니다. 그것은 인간의 도덕적 나침반, 사회의 기초, 그리고 개인의 영적 지향점을 제시하는 하나님의 법이었습니다. 오늘날 우리는 과학과 기술의 눈부신 진보 속에서 살아가지만, 고대의 이 돌판은 여전히 우리에게 중요한 의미를 지닙니다.

십계명은 고대 사회에 적합한 계명이었을지 모르지만, 오늘날 우리가 직면한 복잡한 도전들에 대한 해답을 여전히 제공합니다. '탐욕하지 말라', '죽이지 말라', '거짓 증언을 하지 말라'는 말은 오늘날 사회적 불의와 부정직, 폭력에 맞서는 우리의 자세를 상기시킵니다. '부모를 공경하라'는 명령은 가족의 가치와 연대감의 중요성을 강조하며, '안식일을 기억하여 거룩히 지키라'는 계명은 감사의 중요성과 쉼의 필요성, 일과 삶의 균형을 일깨웁니다.

이러한 고대의 가르침은 현대인의 삶에 어떻게 적용할 수 있을까요? 우리의 일상은 속도와 효율성이 지배하는 세계에서, 순간의 행복을 추구하며 살아갑니다. 하지만 십계명은 우리에게 더 깊은 반성과 내적 성찰을 요구합니다. 우리의 행동 하나하나가 타인에게 미치는 영향, 우리가 속한 조직에 대한 책임감, 그리고 우리의 영적인 추구는 이 고대의 원칙들을 통해 다시 조명받습니다.

현대사회에서 십계명을 실천한다는 것은, 매 순간 우리의 도덕적 지평을 넓히고, 타인에 대한 존중과 사랑을 실천하는 것을 의미합니다. 우리의 기술적 발전이 인간성을 향상시키는 방향으로 나아가도록, 우리는 고대의 지혜를 현대적 맥락에 맞게 재해석해야 합니다.

십계명은 단순히 믿음의 문제가 아닙니다. 그것은 우리가 지향해야 할 삶의 방식을 제시하며, 우리의 삶을 보다 의미 있고, 공정하며, 연결된 것으로 만들어줍니다. 그것은 우리가 오늘날의 복잡한 세계에서도 올바른 길을 걸을 수 있도록, 영적인 빛을 비춰주는 소중한 원칙입니다. 그러므로 우리는 어떻게 살 것인가를 고민하며, 우리의 삶을 보다 의미 있고, 가치 있는 것으로 만들어갈 책임이 있습니다.

출애굽기 33:3 너희로 젖과 꿀이 흐르는 땅에 이르게 하려니와 나는 너희와 함께 올라가지 아니하리니 너희는 목이 곧은 백성 인즉 내가 중로에서 너희를 진멸할까 염려함이니라 하시니

작품 제목: 목이 곧은 백성

작품 설명: 이 그림은 고집스럽고 융통성이 없는 태도를 상징하는 '목이 곧은 사람들'을 형상화 하고 있습니다. 세 인물의 표정은 무표정하며, 무미건조한 표정이 각자의 고집과 자 신만의 생각에 갇혀 있음을 나타냅니다. 그들의 눈은 각각 다른 방향을 향하고 있어, 서로 다른 관점이나 의견에 대한 개방성이 결여되어 있음을 나타냅니다. 배경의 음울 한 색채와 흐릿한 환경은 고집이 강한 태도가 주변 환경과의 조화를 방해하고, 관계 의 단절을 초래할 수 있음을 암시합니다. 이 작품은 융통성 없는 태도의 내적, 외적 결 과를 시각적으로 강조합니다.

다양성 속에서 조화를 찾아가는 길

우리 사회에서는 종종 '목이 곧은' 사람들을 만납니다. 이들은 자신의 의견이나 방식이 최고라고 믿으며, 다른 사람의 생각이나 감정에 귀를 기울이지 않습니다. 이러한 태도는 사무실에서의 회의 상황에서 흔히 목격할 수 있습니다. 예를 들어, 팀 프로젝트에서 한 팀원이 자신의 아이디어만을 고집하고, 다른 팀원들의 제안이나 피드백을 무시할 때, 그 결과는 종종 혼란과 효율성의 저하로 이어집니다.

하나의 팀이나 커뮤니티 내에서 서로 다른 관점을 가지는 다양성은 소중하지만, 서로의 차이를 인정하고 조화롭게 통합하지 못할 때, 집단의 목표 달성은 어려워집니다. 우리 삶에서도, 다른 사람의 의견을 존중하고 협력하는 자세가 필요합니다.

또한 각기 다른 배경을 가진 사람들이 한 공간에 모여 있을 때 의사소통의 장벽이 생길 수 있습니다. 가족 모임에서 한 세대가 다른 세대의 생각을 이해하지 못할 때, 또는 친구들 사이에서 각자의 취향과 가치관이 충돌할 때, 우리는 고립될 수 있습니다. 우리는 서로의 다름을 받아들이고, 통합의 가치를 찾아야 합니다.

‘목이 곧은’ 태도는 뿌리 깊은 편견과 사회적 분열을 초래할 수 있습니다. 사회적 이슈에 대해 이야기할 때, 자신의 견해에만 매몰되어 다른 시각을 배척하면, 우리는 주변 세계와의 소통을 차단하게 됩니다. 진정한 소통과 이해는 서로의 의견에 귀 기울이고, 다양한 관점을 통합하는 데서 시작됩니다.

　삶에서 우리는 자주 변화하는 상황과 대면하며, 고정된 사고방식으로는 이러한 변화에 적응하기 어렵습니다. ‘목이 곧은’ 사람들처럼 융통성 없이 살아가는 것이 아니라, 새로운 아이디어와 가능성에 열려 있는 자세를 가지는 것이 중요합니다. 우리는 유연성의 가치를 받아들임으로써 더 넓은 세상과 소통하고, 더 풍부한 삶을 살 수 있습니다.

9일 차

신명기 1:31 광야에서도 너희가 당하였거니와 사람이 자기 아들을 안음 같이 너희 하나님 여호와께서 너희의 행로 중에 너희를 안으사 이곳까지 이르게 하셨느니라

작품 제목: 광야의 인도

작품 설명: 이 작품의 중심에는 하늘에 떠 있는 한 인물이 자신의 아들을 안고 있으며, 이는 신적 인 보호와 사랑을 상징합니다. 주변에는 짐을 진 많은 사람들이 갈라진 바닷길로 걸어 가는 모습이 그려져 있어, 광야를 통한 여정을 나타냅니다.

이는 믿음의 여정과 그 속에서 신의 인도를 시각적으로 강력하고 생동감 있게 표현하고 있습니다.

보이지 않는 손길

인생은 광야를 지나가는 것과 같습니다. 우리는 불확실성과 어려움 속에서 방향을 찾으며, 때로는 목적을 찾기 위해 방황합니다. 이 과정에서 우리는 보이지 않는 손길에 의해 보호받고 있다는 것을 잊지 말아야 합니다. 이 손길은 우리를 이끌고, 부담을 덜어주며, 때로는 두려움을 진정시켜 줍니다.

우리의 인생은 혼자가 아닙니다. 우리 주변에는 우리의 고난과 기쁨을 함께 나눌 사람들이 있습니다. 이들과 함께하는 것은 우리의 삶을 더 풍부하고 의미 있게 만듭니다. 우리가 겪는 모든 어려움과 기쁨은, 우리를 더 강하고 지혜로운 사람으로 만들죠.

보이지 않는 손길은 우리에게 용기와 위안을 줍니다. 우리는 삶에서 혼자가 아니며, 모든 삶의 순간은 보이지 않는 힘에 의해 안내되고 보호받고 있습니다.

보이지 않는 손길이 가져다주는 용기와 위안을 기억하며, 우리는 오늘도 함께 인생의 광야를 건너갑니다.

10일 차

룻기 2:3 룻이 가서 베는 자를 따라 밭에서 이삭을 줍는데 우연히 엘리멜렉의 친족 보아스에게 속한 밭에 이르렀더라

작품 제목: 밭에서 이삭을 줍는 룻

작품 설명: 이 그림은 룻이 보아스의 밭에서 이삭을 주우며 열심히 일하는 장면을 묘사하고 있습니다. 작품에서는 룻의 겸손과 근면한 정신이 강조되며, 그 배경으로는 보아스의 소유인 밭이 펼쳐져 있습니다. 룻의 표정과 몸짓은 그녀의 노고와 결의를 반영하며, 멀리서 지켜보는 이들은 이야기에 깊이를 더합니다.

룻의 성실함이 전하는 삶의 가치

바람에 날리는 밀밭에서, 룻은 조용히 이삭을 줍고 있습니다. 그녀의 손길은 부드럽지만, 결의에 찬 태도는 그녀 내면의 강함을 드러냅니다. 룻의 성실함은 단순한 노동의 행위를 넘어서, 삶의 근본적인 가치를 전합니다. 룻은 누구의 시선도 아닌, 오롯이 자신의 삶을 대하는 태도로써 성실을 택했습니다. 그리고 바로 그 순간, 룻의 내면에서 빛나는 진정성은 주변 사람들의 마음까지도 움직입니다.

우리가 일상에서 마주하는 수많은 선택의 순간마다, 룻의 모습은 우리에게 진실된 마음으로 일을 대하는 태도의 중요성을 일깨워줍니다. 우리의 성실한 자세는 눈에 띄지 않을 수도 있지만, 결국에는 가장 예상치 못한 순간에 가장 큰 복을 가져다줍니다. 룻처럼, 우리의 마음가짐이 우리가 걸어가는 길을 밝히는 빛이 될 수 있습니다.

성실함은 우리의 삶을 풍요롭게 하고, 타인에게도 긍정적인 영향을 끼칩니다. 이것은 어쩌면 우리가 세상에 남길 수 있는 가장 소중한 선물이며 가장 아름다운 유산일지도 모릅니다.

11일 차

사무엘상 17:45 다윗이 블레셋 사람에게 이르되 너는 칼과 창과
단창으로 내게 오거니와 나는 만군의 여호와의 이름 곧 네가
모욕하는 이스라엘 군대의 하나님의 이름으로 네게 가노라

작품 제목: 다윗과 골리앗_믿음의 대결

작품 설명: 이 그림은 다윗과 골리앗의 전투를 상징적으로 묘사하고 있습니다. 한쪽 페이지에는
젊은 다윗이 믿음과 용기를 가지고 돌팔매를 돌리고 있는 모습이, 다른 쪽 페이지에
는 거대하고 위협적인 골리앗의 실루엣이 나타나 있습니다. 이 두 이미지는 믿음과 용
기가 두려움과 거대한 도전 앞에서 어떻게 승리할 수 있는지를 시각적으로 강력하게
전달합니다. 이 대비는 하나님이 함께하실 때 작고 보잘것없는 개인이 어떻게 엄청난
장애물을 극복할 수 있는지를 상징적으로 보여줍니다.

삶 속의 골리앗에 맞서는 믿음과 용기

삶에서 우리는 때때로 골리앗처럼 보이는 커다란 장애물을 마주합니다. 이것은 엄청난 업무 프로젝트, 복잡한 인간관계 문제, 혹은 개인적인 어려움일 수 있습니다.

다윗의 용기는 무모한 자신감이 아니라, 계산된 믿음과 진실된 용기에서 비롯되었습니다. 우리 삶에서도, 때로는 두려움을 인정하고, 용기 있게 한 걸음을 내딛는 것이 중요합니다. 우리의 문제들 앞에서 자신을 어떻게 인식하는지가 중요합니다. 우리는 종종 우리의 한계에 집중하지만, 다윗의 승리는 누구나 가능한 결과입니다. 내적인 힘과 외적인 지원을 활용하면 우리 앞의 '거인'을 정복할 수 있습니다.

우리는 때로 주변 사람들과의 대화와 협력을 통해 우리의 '돌팔매'를 찾아야 합니다. 삶에서 골리앗을 마주할 때 주변인의 지혜와 힘을 빌리는 것이 큰 도움이 됩니다.

또한, 우리의 믿음은 두려움을 넘어서는 힘이 되며, 실제로 우리 삶의 골리앗에 맞서 승리를 이끌 수 있습니다. 진정한 믿음은 우리 안의 강력한 힘이 되어 모든 도전을 극복할 수 있게 해줍니다. 다윗처럼, 우리도 우리의 골리앗과 마주할 때 용기를 내고 믿음을 갖고 나아가야 합니다.

우리의 크기가 아닌, 믿음과 용기가 차이를 만듭니다.

12일 차

사무엘하 6:14 여호와 앞에서 힘을 다하여 춤을 추는데 때에 베 에봇을 입었더라

작품 제목: 다윗의 환희_하나님 앞의 춤

작품 설명: 이 작품은 왕이자 시인, 전사로서의 다윗이 하나님의 영광 앞에 겸손과 기쁨으로 춤을 추는 장면입니다. 그의 표정은 순수한 환희로 가득 차 있으며, 주변의 사람들도 그의 기쁨에 동참하며 함께 춤을 춥니다. 이러한 다윗의 행동은 신 앞에서의 경배와 찬양의 가장 깊은 표현을 나타내며, 그의 신앙의 열정을 보여주는 강렬한 순간을 잘 담아내고 있습니다.

다윗 왕의 삶에서 배우는 것들

일상의 무게가 어깨를 짓누를 때, 다윗 왕의 삶을 떠올려보세요. 그는 역경 속에서도 기쁨을 찾았고, 하나님 앞에서의 기쁨을 통해 삶의 의미를 발견했습니다. 우리도 일상 속 작은 기쁨을 찾아 삶을 축하하는 태도를 가져보면 어떨까요?

다윗은 권력의 정점에 있었지만, 하나님 앞에서 겸손했습니다. 이러한 겸손함은 우리에게 감사의 중요성을 일깨워줍니다. 우리의 성공과 이룬 것들 뒤에는 보이지 않는 도움과 축복이 있음을 기억해야 합니다.

우리가 겪는 고난은 우리를 더 강하게 만듭니다. 다윗은 고난을 통해 하나님과의 관계를 깊게 하고 믿음을 강화했습니다. 우리도 일상의 어려움을 인내의 기회로 삼고, 성장할 수 있습니다. 어려움은 우리를 더욱 빛나게 하는 과정이니까요.

사무엘하 6:21 다윗이 미갈에게 이르되 이는 여호와 앞에서 한 것이니라.
저가 네 아비와 그 온 집을 버리고 나를 택하사 나로 여호와의 백성
이스라엘의 주권자를 삼으셨으니 내가 여호와 앞에서 뛰놀리라

작품 제목: 신념의 고백과 기쁨의 춤

작품 설명: 이 유화 작품에서 다윗은 미갈에게 진지하고 사색적인 태도로 자신의 행동을 설명합
니다. 그의 얼굴에는 신념과 진실함이 담겨 있습니다. 배경에서는 다윗이 여호와의 언
약궤 앞에서 열정적으로 춤추는 모습이 대조적으로 표현되고 있습니다. 이 장면은 다
윗 캐릭터의 이중성을 강조합니다. 왕으로서의 엄숙한 책임감과 하나님의 종으로서의
기쁨에 찬 헌신. 그의 고백과 춤은 그가 겪은 영적인 변화와 하나님에 대한 깊은 헌신
을 시각적으로 나타냅니다. 이 작품은 신앙의 깊이와 인간성의 복잡성을 포착하며, 신
성한 순간의 강렬함과 아름다움을 전달합니다.

겸손과 기쁨의 조화

우리는 겸손과 기쁨을 어떻게 균형 있게 유지하며 살아갈 수 있을까요?

강력한 리더이자 왕으로서, 하나님 앞에서 겸손하게 자신을 낮추는 다윗의 모습은 우리에게 중요한 덕목을 가르쳐줍니다. 우리는 사회적 지위나 성취와 관계없이, 더 큰 존재 앞에 서 있음을 인식하고 겸손한 태도를 가져야합니다. 이는 우리가 세상을 보는 관점을 바꾸고, 타인을 배려하는 마음을 키워줍니다.

한편, 기쁨은 겸손과 더불어 우리 삶에 활력을 불어넣고 인간관계를 밝게 만드는 중요한 요소입니다. 다윗은 승리와 성취의 순간에도 자신의 기쁨을 주변 사람들과 함께 나누었고, 이는 하나님께서 주신 축복에 대한 감사의 표현이기도 했습니다. 우리 또한 기쁨을 개인적인 성공으로만 한정 짓지 않고, 타인의 성공을 함께 기뻐하며 축하하는 것에서 찾아야 합니다. 이렇게 할 때, 겸손과 기쁨은 서로를 보완하며 우리 내면의 평화와 만족을 이끌어내는 균형을 이룰 수 있지 않을까요?

14일 차

열왕기상 19:4 스스로 광야로 들어가 하룻길쯤 행하고 한 로뎀나무 아래 앉아서 죽기를 구하여 가로되 여호와여 넉넉하오니 지금 내 생명을 취하옵소서. 나는 내 열조보다 낫지 못하니이다 하고

작품 제목: 엘리야의 기도_낙심 속의 귀의

작품 설명: 이 작품은 성경 속 엘리야가 큰 승리를 거둔 후에 느끼는 낙심과 외로움을 하나님께 호소하는 순간을 담고 있습니다. 엘리야는 굽이치는 로뎀나무 아래서 세상의 소란 과 멀리 떨어진 곳에서 내적 평화를 찾으며, 하나님과의 깊은 대화에 잠겨 있습니다.

로뎀나무 아래에서

우리 모두의 삶 속에는 엘리야처럼 깊은 낙심의 순간이 찾아옵니다. 승리의 환호가 사그라진 후, 갑작스러운 고요 속에서 우리는 자신의 내면을 마주하게 되고, 때로는 그 깊은 침묵 속에서 스스로가 외로움을 느낍니다. 엘리야가 로뎀나무 아래 앉아 하늘을 우러러보며 느꼈을 법한 그 고독한 순간은, 우리의 삶에서도 잠시 멈춤과 반성의 시간이 필요하다는 속삭임과 같습니다. "힘들면 잠깐만 멈췄다 가요. 그래도 괜찮으니까요."

눈물은 우리의 내면에서 우러나오는 가장 순수한 표현입니다. 엘리야의 눈물은 단순한 약함의 표시가 아니라, 그의 영혼이 하나님과 교감하고자 하는 갈망의 증거입니다. 우리도 삶에서 가끔 눈물을 흘릴 때, 그것이 우리의 마음을 정화시키고, 더 큰 힘을 얻기 위한 준비 과정이라고 이해하세요. 눈물은 우리가 다시 일어서기 위해 필요한 감정적 해독제이니까요.

엘리야가 느꼈을 법한 절망은, 결국 그에게 하나님의 소리를 더 선명하게 듣는 계기가 됩니다. 마찬가지로 우리의 삶에서도, 가장 어두운 시간이 때때로 가장 큰 계시와 성장을 가져오곤 합니다. 우리는 그런 순간들을 통해 자신의 존재를 더욱 깊이 인식하고, 삶의 진정한 목적을 발견하게 됩니다. 눈물을 통해 내면의 소리에 귀 기울이고, 우리의 영혼이 진정으로 원하는 바를 이해하게 됩니다.

　낙심과 외로움 속에서도 엘리야는 끈질긴 기도로 힘을 얻었고, 하나님의 위로를 경험했습니다. 우리도 인생의 시련 속에서, 그것이 우리를 강하게 만들고, 새로운 시각으로 세상을 바라볼 수 있게 한다는 것을 잊지 말아야 합니다. 내면의 힘은 때때로 시련을 통해 가장 잘 단련되니까요.

　자신만의 로뎀나무 아래 앉아 있는 순간을 맞이할 때, 이 순간이 우리의 삶을 계속 전진할 수 있는 휴식처가 되어 줄 수 있음을 믿으세요.

열왕기하 5:14 나아만이 이에 내려가서 하나님의 사
람의 말씀대로 요단강에 일곱 번 몸을 잠그니 그 살이
여전하여 어린아이의 살 같아서 깨끗하게 되었더라

작품 제목: 나아만의 순종_치유를 향한 요단강의 7번째 입수

작품 설명: 이 그림은 성경 속 나아만이 문둥병을 치료받기 위해 요단강에 들어가는 장면입니다.
그의 얼굴은 불확실성과 희망 사이를 오가는 복잡한 감정을 담고 있으며, 강물에 잠긴
그의 모습은 순종과 믿음의 행동을 상징합니다. 나아만이 처음에는 의심했지만, 결국
예언자 엘리사의 지시에 따라 행동함으로써 치유의 기적을 경험하게 됩니다. 이 장면
은 믿음의 힘과 순종이 가져다주는 치유의 가능성을 시각적으로 표현하고 있습니다.

나아만의 치유와 우리 삶의 변화

　우리 삶에서 나아만과 같은 순간들을 마주하는 것은 어쩌면 필연적입니다. 우리 각자는 절망적인 상황과 직면할 때마다, 요단강에 들어가는 용기가 필요합니다. 불확실한 미래 앞에서, 나아만의 망설임과 의심은 우리 모두가 경험하는 인간적인 감정입니다. 그러나 그가 물속으로 들어가는 그 순간은, 우리에게도 무언가를 변화시킬 수 있는 행동을 시작하라는 용기를 주죠.

　치유와 변화는 종종 우리의 편견과 자만을 넘어서는 행동에서 시작됩니다. 나아만이 자신의 직위와 자존심을 내려놓고, 겸손과 순종으로 치유를 받은 것처럼, 우리도 때로는 자신의 한계를 인정하고 도움을 구하는 겸손함이 필요합니다. 리더에게 더욱 필요한 자세입니다.

　나아만이 7번째 입수를 할 때까지도 치유의 흔적이 보이지 않았을지도 모릅니다. 우리의 삶도 마찬가지로, 우리가 원하는 결과를 즉시 보지 못할 수 있습니다. 그러나 끈기와 인내는 결국 우리가 희망하는 결과로 이끌 수 있습니다. 우리의 노력이 즉각적인 결과로 이어지지 않더라도, 포기하지 않고 계속해나간다면, 우리도 나아만처럼 치유를 경험할 수 있습니다.

역대상 21:13 다윗이 갓에게 이르되 내가 곤경에 있
도다. 여호와께서는 긍휼이 심히 크시니 내가 그의 손
에 빠지고 사람의 손에 빠지지 않기를 원하나이다

작품 제목: 다윗의 기도_하늘의 긍휼 속으로

작품 설명: 이 작품은 다윗이 인간의 심판보다는 신의 무한한 긍휼에 자신의 운명을 맡기길 간구
하는 순간을 포착하고 있습니다. 다윗의 눈빛은 하늘을 향해 있으며, 그의 자세에서는
겸손과 진실된 기도의 정서가 느껴집니다. 그를 받치고 있는 거대한 손은 하나님의 보
호와 안전, 그리고 용서의 상징으로, 다윗을 둘러싼 빛의 오라는 그의 기도가 받아들
여질 것이라는 희망을 표현하고 있습니다. 이 그림은 인간이 신성한 존재 앞에서 느끼
는 겸손과 은혜의 필요성을 시각적으로 강렬하게 전달합니다.

다윗의 길을 따라

카페의 창가 자리에 앉아 하늘을 바라봅니다. 마음이 참 무겁습니다. 머릿속에는 결정해야 할 일들이 떠오르고, 마음은 구름처럼 흩어지려 합니다. 내면의 소리에 귀를 기울이려 하지만, 쉽지 않습니다. 내 안에서 용서와 이해의 빛을 찾아, 나를 둘러싼 세계에 그 따스함을 전할 수 있을까요?

매일은 새로운 시작입니다. 구름이 걷히고 태양이 빛나듯, 우리의 삶도 늘 새로운 기회를 맞이합니다. 결정이 어떤 결과를 가져오든, 거기에서 배우고 성장할 기회가 있다는 사실을 기억합니다. 그래서 다윗처럼 소망을 품고, 용기를 구하는 기도를 합니다. 나의 결정이 완벽하지 않을지라도, 그것이 최선이라 믿으며 나아갈 것입니다.

삶은 우리가 세상을 어떻게 바라보느냐에 달려 있습니다. 맑은 날도, 흐린 날도 모두 자신의 태도 하나로 아름답게 바꿀 수 있습니다. 삶의 크고 작은 결정들 앞에서, 하늘을 올려다보며 내면의 목소리에 귀 기울이고, 긍휼을 베풀며, 희망을 잃지 않는 삶을 살아가려 합니다.

이제, 마음이 조금은 가벼워진 듯합니다. 카페를 떠나는 발걸음 또한 가볍습니다.

역대하 35:23 활 쏘는 자가 요시야 왕을 쏜지라. 왕이 그 신복에게 이르되 내가 중상하였으니 나를 도와 나가게 하라

작품 제목: 요시야 왕의 최후

작품 설명: 이 그림은 요시야 왕이 이집트 왕 느고의 군대와의 전투 중 화살에 맞아 고통을 호소하며 전장을 이끄는 순간을 강렬하게 묘사합니다. 왕의 절규와 함께 말의 격렬한 동작은 전투의 치열함을 드러냅니다.

무지의 대가

　무지, 즉 모름으로 인한 결정은 때로 엄청난 대가를 요구합니다. 우리가 잘 모르는 것에 대해 결정을 내리는 것은 마치 암흑 속에서 길을 찾는 것과 같습니다. 발아래가 어떤지, 앞으로 무엇이 기다리고 있는지 알 수 없기 때문입니다.

　무지는 단순한 지식의 부재를 넘어섭니다. 그것은 자신과 세계에 대한 이해의 부족에서 비롯되며, 때로 우리의 판단을 흐리게 만들고 우리의 가치와 목표를 흔들기도 합니다. 때로 우리는 잘못된 정보, 편견, 오만에서 비롯된 무지로 인해 올바른 길에서 벗어나기도 하죠. 이는 관계를 해치고, 기회를 낭비하며, 심지어는 건강과 목숨까지 위협할 수 있습니다.

　이러한 무지를 극복하기 위해 우리는 끊임없이 배우고 성찰해야 합니다. 지식을 습득하는 것은 기본이며, 자신의 한계를 인정하고, 다른 사람의 의견을 경청하는 태도가 필요합니다. 비판적 사고를 발달시키고, 다양한 관점에서 세상을 바라보려는 노력이 필요합니다. 우리가 무지에서 벗어날 때, 우리의 선택은 더 지혜롭고 공정해질 것입니다.

18일 차

에스라 10:1 에스라가 하나님의 전 앞에 엎드려 울며 기도하여 죄를 자복할 때에 많은 백성이 심히 통곡하매 이스라엘 중에서 백성의 남녀와 어린아이의 큰 무리가 그 앞에 모인지라

작품 제목: 에스라의 통곡_회개의 기도

작품 설명: 이 작품은 에스라가 이스라엘 백성의 죄에 대한 회개를 위해 간절하게 기도하는 모습을 묘사하고 있습니다. 그는 심히 슬퍼하며, 자신과 백성의 잘못을 인정하고 하나님 앞에 용서를 구하는 중입니다. 주변 사람들은 에스라의 통곡에 동참하는 듯한 자세로 그를 둘러싸고 있으며, 이 장면은 진정한 회개의 힘과 공동체 내에서의 영적 각성을 강조합니다. 이 그림은 개인과 집단의 죄를 인정하고 하나님께 돌아서는 것의 중요성을 표현하고 있습니다.

회개를 통한 개인과 공동체의 성장

　삶 속에서 에스라의 통곡과 같은 순간을 맞이하게 될 때가 있습니다. 이때는 개인적인 실수뿐만 아니라, 공동체적인 잘못에 대해서도 진지하게 고민하고 인정하는 용기가 필요합니다. 에스라의 기도는 진정한 회개의 중요성을 보여주며, 잘못을 인정하고 바로잡을 때 비로소 진정한 치유와 성장이 시작됨을 보여줍니다.

　우리 삶에서 잘못을 인정하고 올바른 방향으로 나아가려는 노력은 개인과 공동체에 긍정적인 변화를 가져옵니다. 에스라의 기도와 같이, 우리의 진실된 반성과 변화의 의지는 타인에게 영향을 미치고 더 나은 사회를 만드는 데 기여할 수 있습니다. 진정한 회개는 우리 주변 사람들에게도 변화를 이끌어내는 강력한 힘이 되니까요.

느헤미야 1:4 내가 이 말을 듣고 앉아서 울고 수일 동안 슬퍼하며 하늘의 하나님 앞에 금식하며 기도하여

작품 제목: 느헤미야의 애도_무너진 성벽 앞에서

작품 설명: 이 작품은 느헤미야가 예루살렘의 파괴된 성벽과 문들에 대한 소식을 듣고 깊은 슬픔에 잠긴 모습을 담고 있습니다. 그의 자세는 상실감과 절망을 표현하고 있으며, 배경의 폐허가 된 도시는 이스라엘의 당시 상태를 반영합니다. 그의 슬픔은 단순한 개인적 슬픔을 넘어, 조국에 대한 깊은 연민과 국가의 미래에 대한 걱정을 드러내고 있습니다. 이 그림은 개인과 공동체의 고통이 어떻게 얽혀 있는지, 그리고 한 사람의 애도가 어떻게 전체 공동체의 상실감을 반영할 수 있는지를 강렬하게 보여줍니다.

느헤미야의 가르침과 디지털 시대의 도전

기술의 급속한 발전은 현대사회에 놀라운 변화를 가져왔습니다. 우리는 이제 어디서든 연결되어 정보를 즉시 얻고, 세계 각지의 사람들과 소통할 수 있습니다. 저의 삶을 보더라도 Chat GPT 혜택으로 글 쓰는 일에 도움을 받고 각종 그림 생성 AI는 똥손인 제가 그림의 세계에 뛰어들 수 있게 해주었습니다. 그러나 이러한 기술의 발전은 디지털 격차라는 새로운 문제를 동시에 야기했습니다. 따라서 기술 발전의 혜택이 모두에게 고르게 돌아가도록 하기 위해, 우리 모두가 적극적으로 노력해야 합니다.

디지털 격차는 사회적, 경제적, 지리적 위치에 따라 다양한 형태로 나타납니다. 일부 지역에서는 인터넷 접속이 어렵거나, 최신 기술에 대한 교육이 부족합니다. 이러한 상황은 사람들이 정보에 접근하고, 디지털 기술을 활용하는 데 있어 중요한 장벽이 됩니다.

이러한 문제에 대해 개인적인 관심과 함께 공동의 책임감을 가져야 합니다. 이는 디지털 교육 프로그램의 확대, 저렴한 인터넷 접속 서비스 제공, 그리고 기술에 대한 보편적인 접근을 촉진하는 정책을 지지함으로써 실현될 수 있습니다.

이러한 노력은 단순히 기술 격차를 줄이는 것을 넘어서, 더 포괄적이고 연결된 세상을 만드는 데 기여할 것입니다. 기술은 모든 사람이 그 혜택을 누릴 수 있을 때, 그 진정한 가치를 발휘하게 될 것입니다.

20일 차

에스더 5:14 그 아내 세레스와 모든 친구가 이르되 오십 규빗이나 높은 나무를 세우고 내일 왕에게 모르드개를 그 나무에 달기를 구하고 왕과 함께 즐거이 잔치에 나아가소서. 하만이 그 말을 선히 여기고 명하여 나무를 세우니라

작품 제목: 운명
작품 설명: 이 그림은 하만이 자신의 적인 모르드개를 매달기 위해 세운 오십 규빗 높이의 나무 기둥을 묘사합니다. 기둥은 하만의 교만과 복수심을 상징하며, 모여든 군중의 다양한 반응 속에 긴장감이 흐릅니다.

교만의 결과: 하만의 운명

하만의 높은 기둥은 그의 교만과 복수심의 궁극적인 상징이었습니다. 그는 이 기둥을 모르드개를 죽이기 위해 세웠지만, 그것은 단순한 처형 도구가 아니라 자신의 높은 지위와 지배를 과시하는 수단이었습니다. 하만은 자신의 계획이 완벽하다고 생각하며 복수의 달콤함을 느꼈죠.

하지만 운명은 예상치 못한 방향으로 흘러갑니다. 하만이 모르드개를 제거하려 했던 계획은 오히려 자신의 몰락을 초래합니다. 유다 민족은 에스라를 통해 지혜롭게 하만의 이 교만한 계획을 왕에게 고발했습니다. 왕은 모르드개가 왕과 왕국에 충성스러운 사람임을 알게 되었고, 하만을 오십 규빗 되는 나무에 달았습니다. 모르드개를 달기 위해 하만이 만든 그 나무에 하만 자신이 달리고 말았습니다. 하만의 교만은 자신의 파멸을 불러오고, 그의 모든 계획은 허무하게 무너졌습니다.

진정한 지혜는 겸손과 이해에서 비롯되며, 오만과 증오는 결국 자신에게 돌아옴을 명심해야 합니다.

욥기 2:11 때에 욥의 친구 세 사람이 그에게 이 모든 재앙이 임하였다 함을 듣고 각각 자기 처소에서부터 이르렀으니 곧 데만 사람 엘리바스와 수아 사람 빌닷과 나아마 사람 소발이라

작품 제목: 욥의 시련_고난 속의 친구들

작품 설명: 이 작품은 성경 속 욥이 겪는 극심한 고난의 시기에 그의 곁을 지키는 세 친구의 이야기를 담고 있습니다. 그림 속에서 욥은 침대에 누워 있으며, 그의 친구들은 조용히 그의 고통을 함께 나누려는 듯 곁에 있습니다. 그들의 표정에서는 욥에 대한 동정과 우려가 엿보이며, 이 장면은 인간적인 연민과 우정의 힘을 강조합니다.

시련 속에서 발견하는 우정의 깊이

삶의 폭풍이 몰아칠 때, 우리는 자주 욥처럼 느낄 수 있습니다. 세상이 갑자기 무너지면서 모든 것이 압도적인 재앙처럼 느껴질 때, 우리는 종종 왜 자신에게 이런 일이 일어났는지 의문을 갖게 됩니다. 이때 우리 곁에 있어 줄 친구의 가치는 말로 표현할 수 없습니다. 그들은 우리의 고통을 완화시키고, 때로는 단순히 함께 있어 주는 것만으로도 큰 위로가 됩니다.

욥의 세 친구는 그가 겪는 시련 앞에서 처음에는 위로와 동정의 말을 건네죠. 이는 우리 삶에서 친구들이 어떻게 우리의 아픔을 나누고, 고통의 시기에 함께 걸어갈 준비가 되어 있는지를 보여줍니다. 진정한 친구는 어려움 속에서도 변함없이 곁에 있으며, 우리의 감정을 이해하고 받아들입니다.

그러나 시간이 흘러 욥의 친구들은 그의 불행에 대한 설명을 찾으려 하며, 때때로 비판의 목소리를 높입니다. 여기서 우리는 인간관계의 미묘한 측면과, 함께 있어 줄 때의 조심스러움을 배웁니다. 지혜로운 친구는 언제 말을 해야 할지, 언제 침묵을 지켜야 할지를 아는 사람입니다. 우리도 친구들에게 힘이 되고자 할 때, 그들의 상황에 대한 깊은 이해와 민감함을 가져야 합니다. 우리의 말 한마디가 친구에게 큰 영향을 미칠 수 있다는 사실을 잊지 말아야 합니다.

시련 속에서도 우리를 끌어안고, 지지하며, 간직하는 친구들은 참으로 귀중한 존재입니다. 이러한 우정은 삶의 어두운 시기를 밝히는 등불과 같으며, 우리가 시련을 이겨내고 성장하는 데 결정적인 역할을 합니다.

시편 14:2 여호와께서 하늘에서 인생을 굽어살피사 지각이 있어 하나님을 찾는 자가 있는가 보려 하신즉

작품 제목: 천상의 감시자

작품 설명: 이 유화 스타일의 그림은 여호와가 하늘에서 인류를 내려다보며 지혜와 이해를 갖고 하나님을 찾는 자가 있는지 살피는 장면을 묘사하고 있습니다. 이 그림에서 여호와의 엄숙한 표정과 사람들의 다양한 반응이 대비됩니다. 하늘에서의 거룩한 시선과 인간들의 신을 향한 시선 사이의 긴장감이 그림에 깊이를 더하고 있습니다.

진정한 가치를 향한 삶을 위해

우리 삶의 궁극적인 목적과 방향은 무엇일까요?

현대사회는 변화가 빠르고 정보가 넘쳐나는 환경에서, 순간적인 만족과 순간의 쾌락을 추구하도록 유혹합니다. 우리는 삶의 본질적인 질문들을 간과하며 성공과 성취, 물질적 풍요를 우선시하는 경향이 있습니다.

진정한 지각, 즉 깨달음은 세상의 잡음을 넘어서 찾을 수 있습니다. 우리의 삶이 어떤 목적으로 나아가고 있는지, 노력이 어디에 집중되어 있는지 깊이 생각해야 합니다. 성공의 사다리를 오르는 것만을 목표로 삼지 말고, 깊은 자기 성찰을 통해 삶에 진정한 가치를 부여하세요.

일상의 바쁜 일과 속에서 잠시 멈춰 서서, 우리의 삶이 영원한 것과 어떻게 연결되어 있는지 생각해보세요.

23일 차

시편 18:1 나의 힘이 되신 여호와여 내가 주를 사랑하나이다

작품 제목: 나의 힘, 여호와

작품 설명: 이 그림은 강렬한 색채와 역동적인 붓놀림을 통해 천상에 대한 깊은 사랑과 열정을 표현합니다. 중심에 있는 인물은 하늘을 응시하며, 그의 자세와 표정에서 평화롭고 사랑스러운 감정이 느껴집니다. 주변 풍경은 생기 넘치는 자연의 아름다움을 묘사하며, 다채로운 색상과 활기찬 붓 터치가 인물의 내면적 감정의 강렬함을 반영합니다.

현대 삶 속에서 찾는 신의 힘

현대인들은 끊임없이 변화하는 세상에서 살아가며 종종 방향을 잃곤 합니다.

현대사회는 잠깐의 쾌락과 순간적 만족을 추구하도록 유혹합니다. 우리는 종종 성공과 성취, 물질적 풍요에 치중하며 삶의 본질적인 질문들을 간과합니다. 하지만 신에 대한 사랑은 우리가 내면의 목소리에 귀 기울이고, 우리 존재의 근원을 되돌아보게 하죠.

'여호와, 나의 힘'이라는 고백은 단순히 창조주를 칭송하는 것을 넘어, 우리 삶의 근본적인 의지의 원천을 인정하는 것입니다. 이 사랑은 두려움, 슬픔, 기쁨 같은 일시적인 감정을 넘어서며, 우리의 삶이 영원함을 향해 나아가게 합니다.

현실의 어려움을 초월해, 우리는 자신의 신념과 영혼을 담대하게 표현할 수 있습니다. 우리의 기도와 믿음은 우리가 겪는 모든 도전 앞에서 힘을 줍니다. 이러한 신념은 우리 삶에 깊은 의미를 부여하며, 우리를 더욱 풍성한 인간으로 만들어주죠.

시편 28:7 여호와는 나의 힘과 나의 방패시니

작품 제목: 여호와는 나의 힘과 방패이시다

작품 설명: 이 그림은 '여호와는 나의 힘과 방패이시다'라는 주제를 이진법의 0과 1을 사용해 추상적으로 표현한 것이며, 믿음과 보호의 고대 상징을 현대적인 시각으로 재해석한 것입니다. 방패는 신의 보호를, 주먹은 개인의 내적 힘과 결단력을 나타냅니다. 이진 코드의 배열은 디지털 세계의 복잡성 속에서도 변함없는 신앙의 중요성을 강조합니다. 이 작품은 믿음이 현대인의 삶에서 어떻게 중요한 역할을 하는지, 그리고 기술이 발전함에 따라 우리의 신앙이 어떻게 적응하고 변화하는지에 대한 성찰을 제공합니다.

디지털 시대 속에서 찾는 신앙의 힘

현대사회의 빠른 속도와 기술의 급속한 발전 속에서 우리는 종종 중요한 것이 무엇인지 잊곤 합니다.

"너는 기술이 우리의 신앙에 어떤 영향을 준다고 생각해?"

"나는 기술이 우리를 방패처럼 보호할 수 있다고 생각해. 정보를 통해 우리를 지키고, 지식을 통해 우리를 강하게 만들잖아."

"하지만 그 방패가 때때로 우리를 세상과 격리시키지 않을까?"

"그래서 우리는 방패 뒤에서도 힘을 발휘해야 해. 우리의 믿음과 행동으로 말이야. 기술은 도구일 뿐, 우리의 신앙과 가치를 대신할 수는 없어."

우리는 기술이 삶의 방패가 될 수 있지만, 그것이 내적인 힘과 믿음을 대체할 수는 없다는 것을 깨달아야 합니다. 우리의 신앙은 우리의 결정과 행동을 통해 드러나며, 이것이 진정한 방패의 역할을 합니다. 디지털 시대에도 변하지 않는 신앙의 가치를 잊지 않아야 합니다.

시편 119:105 주의 말씀은 내 발에 등이요 내 길에 빛이니이다

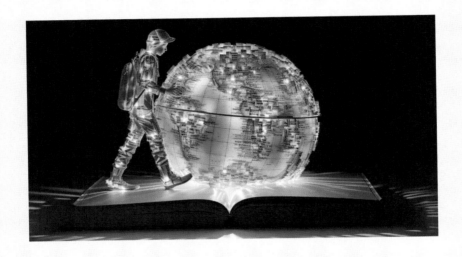

작품 제목: 말씀의 빛 속에서의 여정

작품 설명: 이 작품은 오픈된 책에서 흘러나오는 빛이 우리 인생의 길을 밝히는 주의 말씀을 상징하며, 전 세계의 지도로 표현된 지구는 우리가 이 빛을 따라 걷는 인생의 여정을 의미합니다. 여행자의 모습은 모든 인간이 주의 말씀을 따라가며 삶의 방향을 찾아가는 과정을 상징합니다. 이 작품을 통해 우리는 어둠 속에서도 주의 말씀이 우리에게 끊임없는 희망의 빛과 가이드가 되어 주고 있다는 메시지를 받게 됩니다.

삶의 암흑 속에서 방향을 밝히는 빛

때론 삶의 길에서 앞이 보이지 않을 때가 많습니다. 암흑 속에서 방향을 잡기란 쉽지 않습니다. 그럼에도 불구하고, 우리에게는 내면의 나침반이 있습니다. 그것은 과거의 경험, 가르침, 그리고 진실된 말씀이 삶의 방향을 인도해줍니다.

누구나 삶에서 헤매는 순간이 있습니다. 선택의 기로에 섰을 때, 미래의 불확실성에 두려워했던 순간들이 있습니다. 이런 순간들에서 우리는 방향을 잃어버리곤 합니다. 세상은 복잡하고, 때론 우리의 기대와는 다르게 흘러가기도 하죠. 그러나 우리에게는 어둠 속에서도 길을 밝혀줄 빛이 있습니다. 그 빛은 항상 우리의 발아래에 존재합니다. 그것은 우리에게 올바른 방향을 가리켜주며, 길을 잃을 때 우리에게 희망의 불빛을 선사합니다.

일상 속에서 우리는 수많은 선택과 결정을 내려야 합니다. 어떤 결정은 중요하게 느껴지지 않을 수 있지만, 어떤 결정은 인생의 향배를 결정짓기도 합니다. 이러한 중대한 순간에서, '말씀의 빛'은 우리에게 올바른 길을 가리키며, 우리의 삶을 밝히는 등불이 됩니다.

삶의 길에서 중요한 것은 목적지에 도달하는 것이 아니라, 그 길을 어떻게 걷느냐입니다. 올바른 가이드와 함께라면, 어떤 어려움도 극복할 수 있습니다. 그리고 그 가이드는 바로 주의 말씀, 삶의 진리이자 방향을 나타내주는 빛입니다.

26일 차

잠언 1:7 여호와를 경외하는 것이 지식의 근본이어늘 미련한 자는 지혜와 훈계를 멸시하느니라

작품 제목: 지혜의 빛을 향한 찬가

작품 설명: 이 그림의 중심에 서 있는 인물은 두 팔을 벌린 채, 머리 위로부터 쏟아지는 빛을 향해 환희에 찬 모습으로 서 있습니다. 이 빛은 신성한 지혜와 경외심을 나타내며, 주변에 흩어져 있는 책과 두루마리는 지식의 추구를 상징합니다. 주변의 소용돌이치는 색채들은 무지에서 깨달음으로의 변화하는 여정을 나타내며, 인물을 중심으로 한 빛의 폭발은 신에 대한 경외가 지식을 향한 여정에 미치는 강력한 영향을 시각적으로 드러냅니다.

지혜의 추구

지혜란 뭘까요? 단순히 많은 책을 읽고, 시험에서 좋은 점수를 받는 것만을 의미할까요? 사실, 지혜의 추구는 훨씬 더 깊고, 개인적인 과정입니다.

우리 삶에서 지식을 쌓는 것은 좋은 일이지만, 진정한 지혜는 그 지식을 어떻게 적용하느냐에서 나옵니다. 지혜는 우리가 마주치는 문제를 해결하고, 어려운 상황에서도 길을 찾게 해주는 능력이라 할 수 있습니다.

지혜는 우리 자신을 이해하는 것에서 시작됩니다. 우리는 자신의 강점, 약점, 가치관을 알아가며 자신을 더 잘 이해하게 됩니다. 이러한 자기 인식은 우리가 삶에서 중요한 결정을 내리고, 우리의 꿈을 실현하는 데 중요한 역할을 하게 됩니다.

또한, 지혜는 우리가 다른 사람들과 어떻게 관계를 맺고, 소통하는지에 대해서도 말해줍니다. 다른 사람의 관점을 이해하고, 존중하는 법을 배우면서 우리는 더 포용적이고 연민 있는 커뮤니티를 만들 수 있죠.

지혜를 추구하는 것은 결코 끝나지 않는 삶의 연속입니다. 새로운 것을 배우고, 경험을 통해 깨달음을 얻으며, 이를 통해 우리의 삶을 더욱 풍요롭게 만드는 과정입니다. 지혜는 우리의 삶에 깊이와 목적을 부여하며, 우리가 세상을 보는 방식을 바꿉니다.

　결국, 지혜의 추구는 우리가 삶을 통해 더 깊은 이해와 사랑을 발견하는 과정이며, 이 과정을 통해 우리는 진정으로 성장하게 됩니다.

잠언 4:6 지혜를 버리지 말라. 그가 너를 보호하리라

작품 제목: 디지털 시대의 수호자, 지혜

작품 설명: 이 그림은 디지털 시대의 언어로 번역된 영원한 지혜를 시각화합니다. 지혜는 여성의
형상으로 나타나며, 그녀의 손에서 이진 코드가 흘러나와 우리 삶을 구성하는 기본 단
위가 됩니다. 이 작품은 지혜가 우리를 어떻게 인도하고 보호하는지를 디지털 시대의
맥락에서 재해석한 것입니다. 지혜를 소중히 여기고 그것을 추구함으로써, 우리는 삶
의 불확실성 속에서도 안전을 찾을 수 있습니다. 화려한 색채와 모자이크 같은 픽셀로
구성된 그림은 디지털 시대에도 변하지 않는 지혜의 가치를 상징합니다.

디지털 시대의 수호자, 지혜

우리는 데이터의 바다에서 수영을 배우고 있습니다. 디지털 신호, 산업화된 정보, 그리고 끊임없이 변화하는 기술의 흐름 속에서, 자주 길을 잃곤 합니다. 그렇기에 지혜의 소중함은 이 시대가 요구하는 가장 중요한 덕목 중 하나가 되었습니다.

"지혜라는 단어가 요즘 세상에도 여전히 중요할까?"

친구가 카페의 편안한 의자에 앉아 물었습니다. 나는 커피를 한 모금 마시며 차분히 대답했습니다.

"물론이지. 지혜는 단순히 정보의 양이 아니야. 그것은 정보를 어떻게 사용하고, 어떤 결정을 내릴 때 가치와 영향을 이해하는 것이지."

"그럼 너는 디지털 시대에서 지혜를 어떻게 구현해?" 친구가 다시 물었습니다.

"0과 1의 이진 코드처럼 간단하지 않을까? 각 숫자가 정확한 위치에 있어야 프로그램이 제대로 작동하듯이, 우리의 삶에서도 각 결정과 행동이 올바른 위치에 있어야 하지 않을까?" 나는 평소의 생각을 펼쳐 놓았습니다.

우리는 알 수 있습니다. 지혜는 과학과 기술의 발전을 통해 우리 삶을 풍요롭게 만드는 것이 아니라, 그것들을 어떻게 활용하고 이해하느냐에 달려 있다는 것을요. 지혜는 우리에게 올바른 길을 안내하고, 우리의 판단을 보호해 줍니다.

우리는 디지털 시대의 수호자로서 지혜의 중요성을 깨달아야 합니다. 정보의 해독자로서 지혜를 발휘해, 우리의 삶을 조화롭고 의미 있게 만드는 것이야말로 진정한 기술의 사용법입니다. 그러므로 우리는 지혜를 깊이 탐구하고, 그것을 바탕으로 우리의 디지털 세계를 더욱 인간적이고, 더욱 아름답게 만들어나가야 할 것입니다.

잠언 5:21 사람의 길은 여호와의 눈앞에 있나니 그가
그 모든 길을 평탄케 하시느니라

작품 제목: 감시하는 눈_여호와의 인도

작품 설명: 이 파피에 콜레 스타일의 그림은 한 인물이 가시와 돌로 어지러운 길 사이를 걷고 있
는 모습을 보여주며, 그 앞에는 평탄해진 길이 그의 걸음을 용이하게 만듭니다. 이는
여호와의 인도를 상징합니다. 하늘에는 모든 것을 감시하는 큰 눈이 그려져 있어, 여
호와의 끊임없는 관찰과 인도를 나타냅니다.

삶의 길잡이로서의 신의 손길

우리 삶은 각자 다르고, 가끔은 돌멩이나 가시 같은 걸림돌이 가득한 길을 걷게 될 때도 있습니다. 그럴 때마다, 한 걸음 한 걸음이 마치 큰 시험처럼 느껴지곤 하죠.

매일 우리는 수많은 결정을 내려야 합니다. 어떤 결정은 금방 해결되지만, 다른 결정들은 우리를 헷갈리게 하고 어떤 길이 맞는지 알기 어렵게 만들죠. 우리 각자는 도전과 장애물을 만나고, 가끔은 그 장애물 때문에 좌절하기도 해요. 하지만 항상 우리 앞에는 전진할 수 있는 길이 펼쳐져 있다는 희망을 잃지 않아요. 이건 우리가 어떤 길을 걷든, 신이 우리를 주의 깊게 지켜보고 계신다는 걸 확신하기 때문입니다.

우리 삶에서 만나는 작은 기적들도 신의 손길이라고 할 수 있어요. 어려움 속에서 나타나서 도와주는 친구, 우리 앞에 열린 예상치 못한 기회, 심지어 우리가 실수로부터 배우는 교훈까지 모두 신의 도움이라 할 수 있죠. 우리의 길이 어렵고 힘들 때, 신의 보호하심은 우리를 안전하게 이끌어주고 잘못된 길로 빠지지 않게 도와줍니다.

우리의 길이 어둡고 불확실해 보일 때도, 신은 우리가 필요한 것을 제공해

주셔서 우리의 길을 평탄하게 만들어주십니다. 신의 보호 아래에서 우리는 용기를 얻고, 힘을 내며, 항상 올바른 길을 걸으려고 노력해요. 우리 삶이 어디로 향하든, 신의 도움이 우리와 함께한다는 믿음으로 그 길을 따라 걸어가면, 우리는 진정한 평화와 이해를 찾을 수 있어요.

잠언 6:6 게으른 자여 개미에게로 가서 그 하는 것을 보고 지혜를 얻으라

작품 제목: 게으름에 대한 개미의 교훈

작품 설명: 개미의 부지런함과 인간의 태만을 대비시키는 이 그림은 잠언의 가르침을 시각적으로 나타냅니다. 정장 차림의 인간은 일을 해야 할 때 휴식하고 있으며, 끊임없이 일하는 개미들은 노력과 꾸준함의 중요성을 상기시킵니다.

게으름 vs 부지런함

어느 화창한 날, '게으름의 왕'이라 불리는 한 남자가 개미굴 옆에서 나른하게 시간을 보내고 있었습니다.

"저 개미들 참 바쁘게 사네. 하루 종일 땅 파고, 먹이를 나르며 쉴 새 없이 움직이지. 휴식이 뭔지도 모르고 사는 거 같아 안타깝다니까" 하고 혼자 중얼거렸죠.

그때, 열심히 일하던 한 개미가 잠깐 멈춰 서서 말했습니다.

"우리의 바쁜 일상을 보고 불쌍하다고 느낄 수도 있겠지만, 사실 우리는 이 일 속에서 큰 기쁨을 찾아요. 서로 협력하며, 공동체를 위해 노력하는 것, 이 모든 게 우리 삶의 의미를 만들어주죠. 그런데 당신은 어떤가요?"

'게으름의 왕'은 잠시 생각에 잠겼습니다.

"나는 쉬는 걸 즐기지. 사람이 진정으로 누려야 할 행복이라고 생각하니까. 그래도 가끔은 내 삶에서 뭔가 부족하다는 생각을 하곤 해."

개미는 조용히 말했습니다.

"그 부족함은 아마도 일에서 오는 기쁨일 거예요. 일이란 단지 살아가기 위한 수단이 아니라, 우리 존재를 가치 있게 만드는 것이거든요."

그 말을 듣고 '게으름의 왕'은 고개를 끄덕였습니다.

"어쩌면 당신 말이 맞을 수도 있어. 내일부터 나도 일해 볼까? 하지만 오늘은 벌써 늦었으니, 좀 더 쉬어야겠어."

남자는 다시 눈을 감았고, 개미들은 계속해서 열심히 일했습니다. 그날 밤, '게으름의 왕'은 평소보다 더 깊은 잠에 빠졌고, 개미들은 그들의 집을 더 튼튼하게 만들며 바쁘게 지냈습니다.

잠언 6:17 (여호와의 미워하시는 것 곧 그 마음에 싫어하시는 것이 육 칠 가지니)
거짓된 혀

작품 제목: 거짓의 언어_신의 심판

작품 설명: 강렬한 색상과 역동적인 브러시 스트로크로 표현된 이 작품은 거짓말과 속임수를 상징하는 '거짓된 혀'를 중심으로 구성되어 있습니다. 이 혀는 불신과 기만을 나타내며, 인간의 부정직함과 그로 인한 파괴적인 영향을 드러냅니다.

여호와의 이미지는 위엄 있고 신성한 분위기를 자아내며, 거짓된 행동에 대한 그분의 거부감을 시각적으로 전달합니다. 이 두 이미지의 대조는 인간의 거짓과 신의 진실 사이의 긴장을 강조합니다.

파피에 마세 기법으로 표현된 감정의 깊이와 다채로운 색상은 이 주제에 대한 심오한 사색을 자아냅니다.

거짓의 시대, 진실을 향한 삶

우리가 살고 있는 시대는 정보가 넘쳐나고, 때로는 거짓이 진실처럼 포장되어 널리 퍼지는 시대입니다. 소셜 미디어에서 시작된 작은 거짓말이 순식간에 전 세계로 퍼져나가고, 의도치 않게 그 거짓을 진실로 받아들이는 경우가 많습니다. 이런 상황 속에서 우리들은 어떻게 진실을 추구하고, 거짓의 유혹을 피할 수 있을까요?

첫째, 우리는 정보를 수용할 때 비판적인 사고를 발휘해야 합니다. 모든 정보가 진실은 아니며, 때로는 우리의 기대나 믿음에 부합하기 위해 조작되기도 합니다. 따라서 우리는 들려오는 모든 이야기에 대해 질문하고, 근거를 찾으며, 여러 관점에서 그 정보를 바라봐야 합니다.

둘째, 우리는 자신의 가치관을 확립해야 합니다. 거짓이 판치는 세상에서 자신만의 정직한 기준을 세우고, 그 기준에 따라 행동하는 것은 쉽지 않습니다. 하지만 진실을 추구하는 일은 우리 자신의 정체성을 확립하고, 존중받는 인격을 갖추는 데 중요한 역할을 합니다.

셋째, 우리는 커뮤니티의 힘을 믿어야 합니다. 혼자서는 거짓의 물결을 거스르기 어려울 수 있지만, 진실을 추구하는 사람들과 함께라면 더 큰 힘을 발휘할 수 있습니다. 진실을 사랑하는 사람들과의 소통과 협력은 우리가 진실을 향한 길을 걷는 데 큰 도움이 됩니다.

　마지막으로, 우리는 진실을 향한 노정에서 인내심을 가져야 합니다. 때로는 진실이 밝혀지기까지 오랜 시간이 걸리고, 많은 어려움에 직면할 수 있습니다. 하지만 우리가 진실을 향해 꾸준히 나아간다면, 결국 그 가치를 발견하고 더 나은 세상을 만드는 데 기여할 수 있습니다.

　거짓이 만연한 이 시대에서 진실을 추구하는 일은 쉽지 않습니다. 하지만 우리가 진실을 향한 걸음을 멈추지 않고 꾸준히 나아간다면, 우리는 거짓을 넘어서 진실의 빛을 발견할 수 있을 것입니다.

잠언 6:17 (여호와의 미워하시는 것 곧 그 마음에 싫어하시는 것이 육 칠 가지니)
곧 교만한 눈

작품 제목: 교만한 눈에 대한 거부

작품 설명: 이 작품의 중심에는 교만함이 가득 찬 인간의 눈이 있으며, 이 눈은 자만심과 오만함을 상징합니다.

반면에, 여호와의 옆모습은 교만한 태도에 대한 신의 심판과 불편함을 나타냅니다. 여호와의 모습은 웅장하고 신성함을 띠고 있어, 인간의 교만함과 대조적인 모습을 보여줍니다. 그의 모습에서는 권위와 신의 불만이 느껴집니다.

이 그림은 교만한 인간과 신성한 권위 사이의 긴장과 대조를 묘사하며, 인간의 교만함이 결국 신의 눈에 어떻게 비치는지를 시각적으로 표현합니다.

교만의 눈과 신의 시선

교만한 자여, 너에게 전하고자 하는 바가 있노라. 너의 눈이 얼마나 높은 곳을 바라보고 있는지, 그리고 그 높은 곳에서 얼마나 많은 것을 놓치고 있는지를.

네 눈동자에 반영된 자만과 오만함은 너 자신의 내면 깊숙한 곳에 숨겨진 불안과 두려움의 표현이니라. 너는 스스로를 높이 치켜세움으로써 주변 사람들과의 거리를 벌려놓았노라. 그러나 이 거리는 너 자신을 고립시키고, 진정한 자아와의 연결을 끊어놓느니라.

신의 시선은 네가 보지 못하는 것을 비추고 있노라. 신의 등 뒤에서 느껴지는 실망과 우려는 너의 교만이 가져올 수 있는 결과를 상기시키고 있노라. 네가 그런 눈으로 쳐다보고 있는 동안, 너는 인간성의 가장 중요한 부분인 겸손과 연민을 잃어버리고 있노라.

이제 너에게 필요한 것은 자신의 내면을 들여다보고, 자신의 취약함과 한계를 인정하는 것이니라. 교만은 단기적인 만족을 줄지 모르지만, 장기적으로는 너 자신과 주변 사람들을 멀어지게 만든다는 것을 명심할지라. 진정한 강함과 지혜는 겸손에서 비롯되며, 이를 통해 너는 주변 사람들과 더 깊은 연결을 맺을 수 있다는 사실을 깨달으라.

　교만의 거울을 깨고, 겸손의 길을 걸어라. 그 길에서 너는 자신의 진정한 모습을 발견하고, 신과 더 가까워질 것이니라. 너의 눈이 바라보는 곳이 너 자신을 반영한다는 것을 잊지 말아라.

32일 차

잠언 6:18 빨리 악으로 달려가는 발

작품 제목: 악을 향한 급진

작품 설명: 이 그림의 발은 그 자체로 움직임과 방향성을 상징하고, 강렬한 오렌지와 붉은 색조
는 긴박감과 위험을 암시하며, 발의 빠른 움직임을 강조합니다. 발의 위치와 그림자
의 사용은 급진적인 움직임을 시사하며, 특히 발이 땅을 딛는 순간의 힘과 에너지를
느낄 수 있습니다.

이 그림에서 발은 단순히 신체의 일부가 아닌, 선택과 행동의 메타포로 사용됩니다. 발이 달리는
방향, 그리고 그 주위의 빛과 어둠은 도덕적 선택과 내적 갈등의 순간을 연상시킵니다.

속도에 대한 성찰: 신중함을 잃지 않는 삶

속도의 유혹은 우리 시대의 상징처럼 느껴집니다. 우리는 끊임없이 빠르게 움직이라는 압박을 받으며 살아갑니다. 속도는 우리가 세상을 경험하는 방식을 바꾸었고, 심지어 우리의 삶의 방식도 재정의했습니다. 스마트폰이 한 번의 탭으로 정보를 제공하고, 소셜 미디어는 초 단위로 새로운 소식을 업데이트하며, 우리의 결정과 만족은 즉각적인 것이 되어 버렸습니다.

하지만, 그 모든 속도 속에서, 우리는 진정 중요한 것들을 잃어버리는 것은 아닐까요? 가령, 한 사람의 마음을 이해하는 데는 시간이 필요하고, 깊은 관계를 형성하는 데는 인내가 필요합니다. 신중한 결정을 내리기 위해서는 충분한 고민이 필요합니다. 그러나 빠르기만 한 현대사회에서는 이 모든 것이 뒷전으로 밀려나기 쉽습니다.

속도감이 주는 짜릿함과 즉각적인 성취감은 분명 매력적입니다. 하지만 그 속도가 우리를 잘못된 길로 이끌고, 우리의 신중함을 앗아간다면 그 가치를 다시 생각해봐야 하지 않을까요? 우리가 빠르게 달릴 때 주변을 둘러볼 여유를 잃지 않고, 우리의 진로를 고민하는 순간을 갖는 것이 중요합니다.

진정으로 소중한 것들은 시간을 들여 천천히 성취되는 것들입니다. 깊은 지식은 꾸준한 학습에서 나오고, 의미 있는 성과는 장기적인 노력의 결과입니다. 속도에 치우치지 않고, 우리 삶의 균형을 찾는 것이야말로 진정한 성취를 향한 길입니다.

 빠르게 달려가는 것도 중요하지만, 때로는 천천히 걷는 것이 더 가치 있는 경험을 선사할 수 있습니다. 속도의 유혹에 휘둘리지 말고, 자기 자신만의 길을 신중하게 선택하세요. 그리고 가끔은 멈추어 서서, 지금 어디에 서 있는지, 어디로 가고 싶은지 깊이 생각해보세요. 그것이 자기가 진정으로 원하는 목적지로 안내할 것입니다.

잠언 6:19 형제 사이를 이간하는 자

작품 제목: 분열의 그림자

작품 설명: 이 수채화 작품은 형제 사이의 불화와 분열을 상징적으로 표현하고 있습니다. 그림에
　　　　　서는 인물을 직접적으로 묘사하기보다는 그림자와 실루엣으로 표현된 인물들 사이에
　　　　　균열이 가고 있음을 나타냅니다. 하나의 인물이 등을 돌리며 다른 사람의 어깨에 손
　　　　　을 올려놓고 분열을 촉진하고 있습니다. 흙빛과 어두운 색조를 사용하여 불협화음과
　　　　　갈라짐의 감정을 더욱 극대화시켜, 인간관계에서 불화가 가져오는 감정적, 사회적 파
　　　　　장을 시각적으로 전달합니다.

분열의 씨앗과 화해의 꽃

분열의 씨앗이 뿌려질 때, 그것은 종종 소소한 오해에서 시작됩니다. 한마디의 잘못된 말, 미묘한 표정의 오독, 서로 다른 생각의 충돌이 어떻게 우리 사이를 벌어지게 만드는지, 우리는 너무나 잘 압니다. 이런 사소한 것들이 모여 커다란 갈등으로 이어지고, 결국 우리는 서로에게 등을 돌리게 됩니다.

하지만 이 모든 분열 속에서도 화해의 꽃은 조용히 기다립니다. 화해는 인정과 이해에서 시작됩니다. 상대방의 입장을 고려하고, 잘못을 인정하며, 용서를 구하는 용기에서 옵니다. 화해의 꽃은 소통의 토양에서 자라며, 경청하는 물을 먹고, 공감의 햇빛으로 따뜻해집니다.

분열의 씨앗이 뿌려진 자리에서 화해의 꽃을 피우려면 우리 모두의 노력이 필요하죠. 우리는 한 걸음 물러나 갈등의 원인을 되돌아보고, 소통의 다리를 놓아야 합니다. 서로의 차이를 인정하고, 다름을 존중하는 것이 화해로 가는 길입니다.

우리가 알아야 할 것은, 분열보다는 화해를 선택하는 삶이 훨씬 더 값진 경험을 선사한다는 사실입니다. 분열이 감정의 벽을 쌓는다면, 화해는 그 벽을 허물고 우리를 더 가깝게 만듭니다. 갈등을 넘어서 손을 내밀 때, 우리는 서로를 향한 이해와 사랑이 깊어짐을 느낄 수 있습니다.

  그러니, 분열의 씨앗에 젖어버린 마음을 털어내고, 화해의 꽃을 함께 피워
봅시다. 우리의 삶이 조화롭고 아름다운 꽃밭으로 변할 때까지, 서로를 향한
이해와 사랑을 잃지 않기를 바랍니다. 우리가 화해의 아름다움을 깨달아갈
때, 우리는 진정으로 함께 성장하고 발전할 수 있습니다.

잠언 10:12 미움은 다툼을 일으켜도 사랑은 모든 허물을 가리우느니라

작품 제목: 사랑의 보호 아래

작품 설명: 이 그림은 '사랑은 모든 허물을 가리운다'는 개념을 하트 모양의 나무로 표현하고 있습니다. 하트 안의 가지에 있는 사람들은 편안함이 느껴지며, 나무 아래의 사람들은 각종 허물로부터 보호받지 못하는 모습을 보이고 있습니다. 이 하트 모양의 나무는 사랑의 포괄적인 본성을 나타내며, 나무 안에 있는 사람들과 나무 그늘 아래의 개인들을 대비적으로 보여주며 사랑이 보호하고 치유할 수 있는 다양한 잘못과 실수를 은유적으로 표현합니다. 이 작품은 사랑의 강력한 보호력과 치유력을 감동적으로 전달합니다.

일상에서 실천하는 용서

삶은 끊임없이 우리에게 도전을 던집니다. 우리는 서투르고, 때때로 잘못된 결정을 내립니다. 우리가 마주하는 거친 길은 때로 우리의 마음을 시험합니다. 그런 길 위에서 우리는 다른 이들의 실수와 결점에 대한 인내심을 잃기도 합니다. 하지만 '사랑은 모든 허물을 가리운다'는 진리는 우리가 살아가는 일상 속에서 더욱 빛을 발합니다.

우리 각자의 삶에서 다른 사람들과의 관계는 필수적입니다. 우리의 가족, 친구, 동료들과의 상호작용은 수많은 기회를 제공합니다. 기회란 서로를 이해하고, 때로는 용서하며, 결점을 감싸 안는 것을 의미합니다. 우리는 모두 완벽하지 않으며, 우리는 서로의 결점을 포용함으로써 더욱 강해질 수 있습니다.

일상에서 이를 실천하는 것은 간단합니다. 동료가 실수를 할 때, 그것을 비난하는 대신 이해와 지지를 보내는 것입니다. 가족 간의 오해가 생겼을 때, 상대방의 입장을 고려하고 대화로 해결하려는 노력입니다. 친구가 잘못된 판단을 했을 때, 그를 부드럽게 격려하고 올바른 길로 인도하는 것입니다.

이러한 행동은 우리 주변의 사랑의 나무를 더욱 튼튼하게 만듭니다. 우리가 서로의 부담을 나누고, 서로의 허물을 감싸안음으로써, 우리는 함께 성장할 수 있습니다. 사랑은 단순한 감정이 아니라, 실질적인 행동과 결정에서 나타나는 힘입니다. 우리가 진정으로 서로를 사랑할 때, 우리의 일상은 더욱 풍요로워지고, 우리의 세계는 더욱 평화로워질 것입니다.

이제 우리 각자가 사랑의 나무가 되어, 우리 삶의 길을 서로에게 평탄하게 만들어주면 어떨까요? 우리가 서로의 허물을 가려주고, 서로에게 치유가 되어 주며, 함께 걸어가는 동안 우리의 길을 밝혀줄 수 있다면 얼마나 좋을까요?

잠언 10:19 말이 많으면 허물을 면키 어려우나
그 입술을 제어하는 자는 지혜가 있느니라

작품 제목: 지혜의 코드

작품 설명: 이 이미지는 커뮤니케이션과 정보의 기본 단위인 0과 1의 이진 코드를 사용했으며, 이를 통해 조심스럽게 선택된 말의 중요성과 지혜를 강조하고 있습니다. 이미지의 중앙에 위치한 입 형상은 말을 아끼고 신중하게 선택해야 한다는 메시지를 시각적으로 나타냅니다.

이 작품은 성경의 지혜로운 교훈을 현대적 언어, 즉 이진법으로 표현함으로써 고대의 지혜가 오늘날 우리의 디지털 세계에 어떻게 적용될 수 있는지를 상징합니다. 이진 숫자의 나선은 자제와 신중함의 가치를 무한히 반복함으로써, 지혜로운 말 한마디가 우리 삶에 끼칠 영향의 깊이를 은유적으로 표현합니다.

입술을 제어한다는 것

인간의 삶은 말로 이루어진 순간들의 연속이라 할 수 있습니다. 우리는 종종 말 한마디의 힘을 간과하기 쉽습니다.

"입술을 제어하는 자는 지혜가 있느니라."

어느 날, 카페에서 옆자리 손님들의 대화를 듣게 되었습니다. A는 B에게 조언을 구했습니다.

"나는 항상 말을 너무 많이 하는 것 같아. 종종 후회하는 일이 많아지지."

B는 한참을 생각하며 대답했습니다.

"생각해봐. 우리가 사용하는 모든 디지털 장치는 0과 1, 두 숫자로 모든 것을 표현해. 말도 그렇게 단순하게 선택할 수 있다면 어떨까?"

A는 고개를 끄덕이며 말을 이었습니다.

"그래, 우리의 말도 이진법처럼 정교하고 계산된 것이 되어야 하나 봐."

"정확해. 이진법에서 0과 1은 각각의 위치가 중요하지. 말도 마찬가지야. 무엇을 말할지, 언제 말할지, 어떻게 말할지 결정하는 것이야말로 지혜로운 행동이지."

이 대화는 우리에게 말의 선택이 단순히 말을 하는 행위 그 이상임을 깨닫게 해줍니다. 말 한마디는 우리의 인격, 지식, 심지어는 우리의 지혜를 대변하죠. 마치 이진 코드가 복잡한 프로그램을 작동시키듯, 우리의 말도 삶의 여러 상황을 구성하고 조절합니다.

그렇기에 우리는 말을 가볍게 여겨서는 안 됩니다. 말에는 무게가 있고, 그 무게를 신중하게 다루어야 합니다. 입술을 제어하는 것은 단지 말을 아끼는 것이 아니라, 말의 영향력을 인지하고 그에 따른 책임을 지는 것을 의미합니다.

잠언 15:19 게으른 자의 길은 가시 울타리 같으나(1)

작품 제목: 게으름의 가시밭길

작품 설명: 이 그림의 중심인물은 무거운 부담을 짊어지고 있는 게으른 자를 상징하며, 그 주변에
　　　　　펼쳐진 가시밭길은 그의 삶에 장애가 되는 게으름을 나타냅니다. 이 인물의 고된 표
　　　　　정과 몸짓은 게으름의 무게를 감당하는 데서 오는 심리적, 정서적 고통을 표현합니다.

배경에는 혼란과 갈등의 열기를 불러일으키는 불꽃같은 색상이 돋보이며, 이는 게으름이 가져오
는 삶의 혼란과 갈등을 시각화합니다. 가시 울타리의 날카로운 선은 게으름의 결과로 마주하게
되는 어려움과 고통을 강조하고 있습니다.

가시밭길을 꽃길로: 게으름 너머의 변화

당신 앞에 펼쳐진 이 길은, 당신의 선택에 의해 만들어졌습니다. 가시밭길은 당신의 게으름의 결과이며, 이제 당신은 그 길에서 벗어나기 위해 애쓰고 있습니다. 하지만, 이 순간은 당신이 처음으로 눈을 뜨는 계기가 되어야 합니다.

당신이 느끼는 무거움과 피로감은 실제로 당신의 내면에서 일어나는 변화의 무게입니다. 더 이상 피할 수 없다는 것을 당신은 알고 있습니다. 가시밭길을 정리하고, 편안한 길을 만들기 위해서는 먼저 당신의 게으름을 인정하고, 그것을 이겨내겠다는 결심이 필요합니다.

당신의 삶도 화려하고 역동적일 수 있습니다. 당신의 손끝에서 시작된 변화가 모든 색깔과 형태로 펼쳐질 것입니다. 당신의 의지가 당신을 이끄는 한, 아무리 가파른 길이라도 그 길 위에서 당신은 꽃을 피울 수 있습니다.

당신의 게으름은 단지 한때의 어려움이며, 그것을 극복하는 것은 당신의 여정에 있어 가장 중요한 단계 중 하나입니다. 가시밭길을 걸으며 느끼는 아픔은 당신이 성장하고 있음을 알리는 신호입니다. 이제 그 아픔을 힘으로 바꾸십시오. 당신의 발걸음이 당신의 삶을 바꿀 수 있습니다.

37일 차

잠언 15:19 게으른 자의 길은 가시 울타리 같으나(2)

작품 제목: 게으름의 고독한 반성

작품 설명: 이 그림은 게으름의 본질과 그 결과를 강렬하고 역동적인 방식으로 포착합니다. 그 중심에는 무거운 마음으로 앉아 있는 인물이 있으며, 그의 주변은 험난하고 가시 돋친 길로 둘러싸여 있습니다. 이 인물의 고개 숙인 자세와 몸의 휘어진 라인은 게으름에 대한 내적인 고뇌와 자기 성찰을 나타냅니다. 인물 뒤로 퍼져나가는 빛은 희망과 깨달음의 순간을 암시하며, 그를 둘러싼 가시밭길은 게으름이 만들어낸 장애물과 고통의 심리적 풍경을 상징합니다.

깨달음의 가시밭길

당신의 삶이 가시밭길처럼 느껴질지라도, 그 길을 걷는 당신의 모습에서 나는 무한한 잠재력을 보게 됩니다. 그 가시들은 당신의 게으름이 만든 것이라 여겨질 수도 있지만, 그것들이 곧 당신의 깨달음의 시작임을 잊지 마세요.

각 가시는 당신이 피할 수 있었던 작은 노력들이에요. 그것들을 조심스럽게 치우고, 걷기에 편한 길을 만드는 것은 당신의 몫이죠. 그리고 이제, 가시에 걸려 넘어지며 당신은 깨달았을 것입니다. 편안함을 추구하는 것이 아니라, 이 가시들을 하나하나 제거하는 과정에서 찾아올 진정한 성취감과 자유를 향해 나아가야 한다는 것을.

이 그림 속의 인물을 당신이라 생각해보세요. 이제 막 자신의 게으름과 마주하고 그것을 극복하기 위한 첫걸음을 내딛는 자가 된 것입니다. 당신 앞에 펼쳐진 빛은 희망이며, 아직은 멀고 험난해 보일지라도, 그 길의 끝은 분명하고 환하다는 것을 기억하세요.

가시밭길을 걷는 것은 쉬운 일이 아니지만, 그 길을 걸을 때마다 당신은 강인해지고 있어요. 당신의 노력은 결국 당신을 그 길의 주인으로 만들 것이며, 당신의 발걸음은 더 이상 가시에 막히지 않을 것이에요. 당신은 삶의 화가로서, 당신은 자신의 캔버스를 마음껏 칠할 수 있어요. 당신의 브러시는 의지이고, 당신이 선택하는 색깔은 행동이죠. 가시밭길을 넘어선 그림은 당신 내면의 힘을 나타내며, 당신 스스로가 만들어낸 풍경이 될 것이에요.

　당신의 삶을 살아가는 방식을 선택하는 것은 바로 당신입니다. 그러니, 일어나 가시를 치워버리세요. 그리고 당신의 발걸음으로, 당신만의 새로운 길을 만들어가세요.

38일 차

잠언 19:24 게으른 자는 자기의 손을 그릇에 넣고도 입으로 올리기를 괴로와하느니라

작품 제목: 게으름의 극치_무기력의 미각

작품 설명: 이 작품은 게으름의 어리석음과 무기력함을 직설적으로 표현하고 있습니다. 그림 속
인물은 그릇에 손을 넣었음에도 불구하고, 그것을 입으로 가져가는 데 필요한 최소한
의 노력조차 기울이지 않습니다. 이는 단순한 행동조차 극복하기 어려운 게으름의 근
본적인 문제를 나타냅니다.

작품은 게으름의 정서적 고통과 그것이 초래하는 패러독스를 강조합니다. 인물의 과장된 표정과
몸짓은 극도의 무기력함과 내적 갈등을 시각적으로 전달합니다. 그의 눈은 무언가를 갈망하지만,
그 갈망을 이루기 위한 행동으로 옮기지 못하는 모습은 깊은 인상을 남깁니다.

게으름의 바다에서 표류하는 당신에게

당신 앞에 펼쳐진 이 그림은 당신이라는 인물의 무기력한 순간을 포착한 것입니다. 당신은 손을 그릇에 담그고도, 그 단순한 행동을 완성하는 데 필요한 마지막 조각을 찾지 못합니다. 당신의 손은 음식을 입으로 가져가야 할 운명에 묶여 있지만, 마음은 그 행동을 완수하길 거부하고 있어요.

그릇에 담긴 음식은 당신의 기회, 꿈 그리고 가능성을 상징합니다. 당신의 손은 이미 그 기회를 붙잡았지만, 당신의 의지는 그것을 입안으로 가져가지 못할 정도로 약합니다. 이는 당신이 자신의 잠재력을 실현하는 데 있어서 스스로 가장 큰 장벽임을 나타냅니다. 당신의 의식은 당신이 할 수 있는 일을 알고 있으나, 게으름은 그것을 실행에 옮기지 못하게 만듭니다.

하지만 이 그림은 또한 변화에 대한 희망을 상징합니다.

당신이 이제야 깨달았을, 그 작은 움직임의 소중함, 즉 음식을 입으로 가져가는 것은 삶을 살아가는 것과 다르지 않습니다. 각각의 작은 움직임은 목표를 향한 행위이며, 각각의 선택은 우리의 삶을 형성합니다. 당신이 손을 움직이지 않는다면, 그릇 속의 음식은 영원히 당신 것이 될 수 없습니다.

당신의 게으름은 당신이 극복해야 할 내면의 용기를 상징합니다. 용기를 내어 손을 움직이세요. 그 한 번의 움직임이 당신의 삶을 변화시킬 수 있습니다. 당신이 할 수 있음을, 당신 자신에게 증명하세요. 그릇 속의 음식을 입으로 가져가는 그 작은 움직임이 당신의 삶에서 큰 변화를 가져올 것입니다. 그것이 당신이 자신의 삶을 주도할 수 있다는 증거가 될 것입니다.

당신의 무기력한 손길이 당신을 억누르게 내버려 두지 마세요. 그것을 움직이세요. 그리고 당신이 원하는 삶을, 당신의 행동으로 직접 만드세요.

39일 차

잠언 20:15 세상에 금도 있고 진주도 많거니와 지혜로운 입술이 더욱 귀한 보배니라

작품 제목: 지혜의 가치_금과 진주보다 귀한 것

작품 설명: 이 작품의 그림 속 캐릭터는 황금과 진주가 넘쳐나는 보물 중에서 '지혜'라고 쓰인 책을 읽으며 행복해하는 모습을 하고 있습니다. 이는 물질적인 부가 아니라 지혜를 통한 지식이 진정으로 소중하다는 메시지를 담고 있으며, 화려하고 색채가 풍부한 표현은 지혜의 가치가 물질적인 풍요보다 더 빛나고 값진 것임을 강조합니다.

지혜의 보물: 금과 진주를 뛰어넘는 가치

우리는 종종 부와 재산을 성공의 척도로 삼고 살아갑니다. 높은 빌딩, 빛나는 자동차, 무게를 달아볼 수 있는 금과 진주는 세상이 부를 인식하는 방식이죠. 우리는 물질적인 풍요를 넘어선 지적인 풍요의 빛을 볼 수 있어야 합니다.

진정한 가치란 무엇일까요? 지혜는 그림자처럼 우리를 따라다니지만, 잘못된 선택 앞에서는 소리 없이 사라지기도 하죠. 지혜는 우리가 세상을 바라보는 렌즈를 깨끗이 닦아주고, 가장 어두운 순간에도 길을 밝혀주는 빛입니다. 지혜는 책 속에 숨어 있는 진리를 깨달았을 때의 그 미묘한 기쁨입니다.

재산은 도둑이 훔칠 수 있고, 시간이 흐르면서 가치가 변할 수 있지만, 지혜는 우리 마음속에 영원히 남습니다. 지혜는 우리가 상황을 분석하고, 올바른 결정을 내리며, 우리 삶의 질을 향상시키는 데 필요한 통찰력을 제공하죠.

우리 사회는 끊임없이 변화하고, 새로운 도전이 매일같이 등장합니다. 이럴 때일수록 지혜의 가치를 깨닫고, 이를 통해 변화하는 세상에서 자신의 길을 개척해나가야 합니다. 금과 진주는 눈을 뗄 수 없는 광채를 발하지만, 지혜는 우리의 삶을 더욱 빛나게 만드는 영원한 빛이랍니다.

40일 차

잠언 23:21 잠자기를 즐겨 하는 자는 해어진 옷을 입을 것임이니라

작품 제목: 잠의 유혹_해어진 옷의 교훈

작품 설명: 이 그림의 작품 중심에는 편안하게 잠든 사람의 모습이 있습니다. 이 인물의 평화로운
잠은 일상의 책임과 노력을 피하는 유혹을 상징합니다. 그 옆에는 관리되지 않고 해어
진 옷들이 걸려 있는데, 이는 게으름의 방치 결과를 나타냅니다.

이 장면은 편안한 잠과 현실의 책임 사이의 대조를 강조합니다. 인물이 잠에 빠져 있는 동안 그
의 생활은 소홀히 관리되어, 해어진 옷들로 상징되는 삶의 질이 저하됩니다. 이 그림은 게으름과
책임 회피의 결과로 나타나는 부정적인 결과를 시각적으로 표현하며, 자기의 행동과 선택이 가
져오는 결과에 대한 교훈을 제공합니다.

잠의 두 얼굴: 육적인 안식과 영적인 방황

잠은 육체의 휴식을 넘어서는 깊은 메시지를 담고 있습니다. 육체적인 잠은 필요하고 회복적인 안식의 과정이지만, 영적인 잠은 깨어날 필요가 있는 방황의 상태입니다.

육적인 잠은 우리의 몸과 마음에 필요한 휴식을 제공하죠. 그러나 영적인 잠은 자신과 주변 세계에 대한 인식을 흐리게 하고, 하나님의 부르심을 듣지 못하게 합니다. 이는 신앙생활에서 중요한 순간들을 놓치는 것을 의미하며, 더 나아가 자신의 신앙적 성장을 방해합니다.

그래서 우리는 삶의 각 영역에서 깨어 있어야 합니다. 육체적인 안식은 필요하지만, 영적인 잠은 우리가 피해야 할 상태이기 때문입니다.

이러한 인식을 통해 우리는 삶의 균형을 맞추고 영적으로도 깨어 있는 삶을 살 수 있습니다. 우리 모두 자신의 삶을 되돌아보고, 육체적이든 영적이든 필요한 깨어 있음의 중요성을 스스로에게 상기시켜야 합니다.

41일 차

잠언 24:16 대저 의인은 일곱 번 넘어질찌라도 다시 일어나려니와

작품 제목: 일곱 번의 낙오, 여덟 번째의 부활

작품 설명: 이 그림의 중심에 있는 인물은 여러 번의 실패와 좌절에도 불구하고 다시 힘차게 일어서는 모습을 보여줍니다. 주변의 다채로운 환경은 그의 투쟁을 상징하며, 밝은 색채는 희망과 회복의 메시지를 전달합니다.

그림 속 숫자 '7'은 그가 겪은 시련의 횟수를 나타냅니다. 그의 자세와 표정은 굴복하지 않고 더 높은 곳을 향해 나아가려는 의지를 드러냅니다. 이는 우리 모두가 경험하는 삶의 고난과 장애물에 맞서 싸우고, 결코 포기하지 않는 인간 정신의 표현입니다.

넘어지되 끝내 일어서는 길

삶의 과정은 종종 우리를 넘어뜨립니다. 각 넘어짐은 실패와 좌절, 심지어는 절망의 순간으로 느껴질 수 있습니다. 이런 순간이 찾아오면 이 말을 기억하세요.

'일곱 번 넘어져도, 여덟 번째에는 반드시 일어선다.'

우리는 일곱 번의 실패를 거울삼아 여덟 번째로 이어지는 힘찬 도약을 준비해야 합니다. 우리의 삶에서 각 넘어짐은 더 강한 일어섬을 위한 발판이 될 수 있으니까요. 실패는 성장의 기회이며, 그 안에서 우리는 우리 자신의 내적인 힘을 발견하게 되죠.

신앙의 길에서도 마찬가지입니다.

우리의 영적 삶은 때로 험난하고, 믿음의 길에서 자주 넘어질 수 있습니다. 각각의 넘어짐은 우리가 믿는 것에 대한 의문을 가지게 하고, 우리의 신앙이 진정으로 견고한지를 시험합니다. 그러나 우리가 넘어져도 다시 일어날 수 있는 무한한 힘이 우리 안에 있다는 것을 잊어서는 안 됩니다.

넘어지는 것은 인간의 본성이며, 우리 모두는 실수와 실패를 경험합니다. 하지만 중요한 것은 우리가 얼마나 빨리 포기하느냐가 아니라, 우리가 얼마나 담대하게 다시 일어서려고 하는지입니다. 이것은 육적인 경험이든 영적인 시련이든 마찬가지죠. 결국 우리가 신앙을 가지고 다시 서는 것이 우리의 성장과 성숙으로 이어집니다.

우리는 넘어진 자리에서 머무르지 말고, 실패와 실수에서 배우며, 하나님이 우리에게 주신 회복의 능력으로 다시 일어나야 합니다. 우리는 각자의 실수를 통해 겸손을 배우고, 하나님의 은혜를 더욱 깊이 이해하게 됩니다. 넘어짐은 우리를 연단하여, 더 강한 믿음과 더 깊은 인내를 가지게 합니다.

그러므로 넘어졌다고 좌절하지 마세요. 오히려 그것을 봄이 눈 녹듯 사라지게 할 회복의 기회로 삼으세요. 실패는 끝이 아니라 시작입니다. 그것은 우리가 하나님 앞에 더 가까이 나아가기 위해 극복해야 할 장애물이자, 우리의 믿음을 더욱 견고히 할 수 있는 도전입니다.

넘어질 때마다 우리는 다시 일어나는 방법을 배웁니다. 넘어짐 속에서 우리는 자비의 하나님께서 우리에게 손을 내미시는 것을 볼 수 있습니다. 그 손을 잡고, 당신의 발걸음을 다시 하나님을 향해 나아가십시오. 하나님은 당신이 일어서기를 원하시며, 당신의 모든 인생길에서 함께하십니다.

이제 삶의 각 넘어짐 후에, 더욱 힘차고 담대하게 일어나는 당신의 모습을 그려보세요. 그것이 바로 당신이 세상에 보여줄 수 있는 가장 강력한 증거이며, 당신의 신앙이 진정으로 당신의 삶에서 얼마나 중요한지를 증명하는 순간이 될 것입니다.

잠언 25:11 경우에 합당한 말은 아로새긴 은쟁반에 금 사과니라

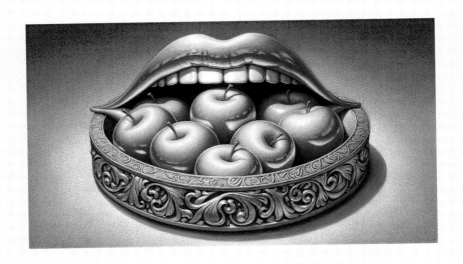

작품 제목: 은쟁반의 금 사과_적절한 말의 가치

작품 설명: 이 그림은 아름답게 형상화된 입 모양이 자리 잡고 있어, 적절하고 아름다운 말의 중요성을 나타냅니다. 이 입은 우리의 말이 어떻게 타인에게 영향을 미칠 수 있는지, 그리고 그 말이 세상에 던지는 무게와 아름다움을 상징합니다.

그림의 중심에는 정교하게 아로새긴 은쟁반 위에 놓인 금 사과가 눈길을 끌며, 말의 진실성과 적절함이 가져오는 가치를 나타냅니다. 이 금 사과들은 우리가 선택한 말들이 얼마나 귀하고 가치 있는지를 상징하며, 그 말이 마치 금 사과처럼 타인에게 즐거움과 지혜를 제공할 수 있음을 나타냅니다.

말의 품격

우리의 말은 우리의 생각과 영혼을 반영하는 거울입니다. 말 한마디에는 힘이 있어, 상대방의 마음을 움직이고, 관계를 형성하며, 때로는 세상을 변화시키기도 하죠.

말은 단순한 소리의 연속이 아니라, 의도와 생각이 담긴 메시지를 전달하는 수단입니다. 이는 우리가 다른 사람들과 어떻게 소통하느냐에 따라 그 품격이 달라질 수 있음을 의미합니다. 적절한 말은 상대방에게 존중과 사랑을 전달하고, 그 관계를 보다 깊고 의미 있는 수준으로 이끌 수 있습니다. 마치 잘 다듬어진 금 사과가 은쟁반 위에서 빛나듯이, 우리의 말도 상황에 맞게 잘 선택되고 사용될 때 가장 큰 가치를 발휘합니다.

또한, 우리의 말은 단순히 현재에 국한되지 않고, 미래에까지 영향을 미칠 수 있습니다. 우리가 오늘 한 말이 내일의 결과를 만들어내기 때문입니다. 그러므로 우리는 매 순간 말을 선별하여, 긍정적이고 건설적인 대화를 나누려는 노력이 필요합니다.

말의 품격은 또한 자기 자신에 대한 이해에서 비롯됩니다. 우리가 무엇을 말하고자 하는지, 왜 그렇게 말해야 하는지에 대한 명확한 이해가 있을 때,

우리의 말은 더욱 힘을 가지죠. 우리가 말의 중요성을 인식하고 그에 따라 행동할 때, 우리는 더 나은 소통자이자, 더 나은 인간이 될 수 있습니다.

진정으로 가치 있는 말은 그것을 듣는 사람들의 마음과 생각을 변화시키는 능력을 가지고 있어요. 그 말은 위로가 될 수도 있고, 동기부여가 될 수도 있으며, 때로는 삶의 새로운 방향을 제시하는 나침반이 될 수도 있습니다. 그렇기 때문에 우리는 매 순간 우리의 말에 책임을 져야 하며, 그 말이 가져올 결과를 깊이 고려해야 하는 것이죠.

결국, 우리의 말은 우리의 인격을 대변합니다. 의도적으로, 그리고 사려 깊게 선택된 말은 시간이 지나도 그 가치를 잃지 않습니다. 우리가 다른 사람들에게 전하는 말은, 그들이 우리를 기억하는 방식을 결정짓게 됩니다. 우리가 남기는 말의 흔적은 금 사과와 같이 오래도록 기억되고, 은쟁반과 같이 우리의 존재를 빛내주는 것입니다.

그러므로 매 순간, 우리의 말이 은쟁반 위의 금 사과처럼 아름답게 기억될 수 있도록, 말의 품격을 지키며 살아가야 합니다. 우리의 말이 타인에게 긍정적인 영향을 끼치고, 우리 삶의 진정한 가치를 반영하길 바랍니다. 우리의 말이 지혜와 사랑으로 가득 차, 마치 아로새긴 은쟁반 위에 놓인 금 사과처럼, 영원한 아름다움을 선사하기를 기대합니다.

43일 차

잠언 25:28 자기의 마음을 제어하지 아니하는 자는 성읍이 무너지고 성벽이 없는 것 같으니라

작품 제목: 마음의 성벽_자제력의 붕괴

작품 설명: 이 작품은 무너진 성벽과 폐허가 된 도시를 통해 자기 통제의 중요성과 그 결여가 가져오는 결과를 시각적으로 강렬하게 표현합니다.

무너져 내린 성과 그 사이로 흩날리는 하트는 자제력 없이 방치된 마음의 상태를 강렬하게 묘사합니다. 이러한 장면은 마음의 성벽이 허물어졌을 때 우리가 얼마나 취약해질 수 있는지를 보여주며, 내면의 힘과 자제력의 중요성을 강조합니다.

그림의 전경에 서 있는 인물은 폐허 속에서도 당당히 서 있는 모습으로, 어떠한 상황에서도 극복하고자 하는 인간의 의지를 상징합니다. 이는 우리 모두가 겪을 수 있는 심리적 붕괴의 순간에도, 다시 일어설 수 있는 희망과 회복력을 내포하고 있습니다.

내면의 성벽을 쌓아라

우리 각자의 마음은 하나의 성입니다. 그 성벽은 우리의 의지와 자제력에 의해 견고해지며, 우리의 감정과 충동을 바람직한 방향으로 인도합니다. 그러나 이 성벽이 무너진다면, 우리는 폐허와 같은 혼돈에 빠지게 됩니다.

내면의 성벽이 허물어지면, 마음은 방향을 잃고 감정은 통제를 벗어나며, 삶은 예측할 수 없는 폭풍 속으로 빠져듭니다. 마치 바람에 휩쓸려 날아가는 하트들처럼, 우리의 욕망과 감정은 주체할 수 없게 됩니다. 하지만 여기서 중요한 것은, 성벽이 무너진다 해도 다시 세울 수 있다는 사실입니다.

자기 통제는 단순히 충동을 억제하는 것 이상의 의미를 가집니다. 그것은 자신을 이해하고, 감정을 조절하며, 결정을 내릴 때 깊이 생각하는 과정입니다. 자기 통제는 자신의 행동과 반응을 인식하는 자각에서 시작합니다. 우리가 우리 자신을 알고, 우리의 감정과 충동을 이해할 때, 우리는 그것들을 올바르게 관리할 수 있는 능력을 개발할 수 있습니다.

무너진 성벽은 한 번에 쌓아지지 않습니다. 그것은 매일의 작은 승리와 깨달음을 통해 점진적으로 세워집니다. 감정의 분출을 통제하고, 충동적인 결정을 피하며, 목적과 가치에 따라 행동함으로써, 우리는 점차적으로 내면의 성을 강화할 수 있습니다.

내면의 성벽이 무너지는 것은 삶의 불가피한 부분일 수 있습니다. 그러나 우리는 무너진 잔해에서 배울 수 있고, 실패를 교훈으로 삼아 새로운 성벽을 더 견고하게 재건할 수 있습니다. 실패와 좌절은 우리가 더 강해지고, 더 지혜로워지는 데 필요한 과정입니다.

마지막으로, 자기 통제를 통해 우리는 더 큰 자유를 경험할 수 있습니다. 우리의 감정이나 충동에 지배당하지 않고, 우리의 진정한 잠재력을 발휘하며, 우리의 삶을 진정으로 주도할 수 있습니다. 그렇게 함으로써, 우리는 풍요롭고 의미 있는 삶을 이끌어나가게 됩니다. 자제력은 무력감을 벗어나 자율성을 찾는 첫걸음입니다. 그것은 우리가 더 나은 선택을 하고, 우리의 삶을 더욱 풍부하게 만드는 기초가 됩니다.

내면의 성벽을 재건하는 과정은 자신에 대한 이해, 자기 사랑, 그리고 변화를 향한 의지로부터 시작됩니다. 우리 각자의 마음에 있는 성벽을 하루하루 튼튼히 쌓아가며, 우리는 더 나은 미래를 향해 한 발 한 발 나아갈 것입니다. 그렇게 할 때, 우리는 자기 통제의 참된 미학을 실현하게 될 것입니다.

그러니, 오늘 당신이 가진 선택의 순간마다, 당신의 내면에 견고한 성을 세울 기회로 여기십시오. 당신의 말과 행동을 통해 당신의 성벽을 쌓고, 마음의 평화와 균형을 유지하십시오. 이것이 바로 우리 각자가 마주하는 삶 속에서 진정한 의미와 목적을 찾아가는 길입니다. 자기 통제는 당신이 세상에 선사할 수 있는 가장 위대한 선물 중 하나입니다.

잠언 26:13 게으른 자는 길에 사자가 있다. 거리에 사자가 있다 하느니라

작품 제목: 창밖의 환영

작품 설명: 게으른 자의 눈에 비친 공포를 표현한 이 수묵화는 게으른 자의 핑계를 상징적으로 나
타내고 있습니다. 이 장면에서, 한 인물이 창문을 통해 골목길을 바라보고 있습니다.
골목 끝에서는 사자가 그의 공포를 실체화한 듯 다가오고 있습니다.

창밖의 환영: 게으름의 메타포

우리는 각자의 창을 가지고 있습니다. 창은 우리가 바라보는 세계의 틀이며, 자신만의 시선으로 현실을 해석하는 필터입니다. 그러나 때로는 이 창이 현실을 왜곡하는 거울이 되기도 하죠. 게으른 자의 '길에 사자가 있다'는 말은 바로 이러한 왜곡의 전형적인 예입니다. 이 말은 단순히 길 위의 사자를 두려워하는 것이 아니라, 그가 마주하는 세계에 대한 잘못된 인식을 드러냅니다. 게으른 자는 그의 게으름을 정당화하기 위해 현실을 변형시킵니다. 그는 길 위의 사자를 빌미로 삼아 행동하지 않음을 합리화하는 것입니다.

'창밖의 환영'은 자기기만의 한 형태입니다. 창문을 통해 바라본 사자는 실재하지 않는 것입니다. 그것은 우리가 만들어낸 두려움의 환영이며, 우리가 직면해야 할 현실로부터 눈을 돌리게 만드는 핑계에 불과합니다.

스스로가 게으르다고 생각하시나요? 타인이 당신을 게으른 자라고 말하나요? 그렇다면 자기 자신에게 물어보세요. 창밖에 정말 사자가 있느냐고. 아니면 당신의 두려움이 만들어낸 환영이냐고. 자신에게 솔직해질 때, 우리는 비로소 그 환영을 넘어서 진정한 용기를 발견할 수 있습니다. 이 과정을 통해 우리가 자신을 이해하고, 우리가 진정으로 원하는 삶을 향해 나아갈 수 있는 기회를 얻을 수 있을 것입니다. 용기는 사자와 마주하는 것이 아니라,

사자가 없음을 인정하고 길을 걷는 것에서 옵니다. 그것이 진정한 성찰과 성
장으로 가는 첫걸음입니다.

45일 차

잠언 30:12 스스로 깨끗한 자로 여기면서 오히려 그 더러운 것을 씻지 아니하는 무리가 있느니라

작품 제목: 내면의 청결과 오만

작품 설명: 이 그림의 두 인물은 동일한 외형을 가진 하나의 인물로, 서로를 마주 보고 있는 형태로 묘사되어 있습니다. 하나는 더러운 옷을 입고 있어 마치 자신 내면의 불결함을 드러내고, 다른 하나는 깨끗하고 단정한 복장으로, 외면적인 청결함과 자기만족을 상징합니다. 이 이미지는 겉모습에 대한 자기 인식과 자아의 깊은 곳에 숨겨진 진실 사이의 대조를 표현합니다. 그림은 겉으로 드러난 청결함이 내면의 오만을 가릴 수 없음을 상기시키며, 진정한 청결은 외면이 아닌 내면에서 시작되어야 함을 강조합니다.

내면의 청결

오늘날 우리 사회는 겉모습에 몰두하는 경향이 있습니다. 우리는 자신의 외모와 이미지에 많은 시간과 노력을 투자합니다. 우리는 거울 앞에서 머리를 단정히 하고, 옷매무새를 가다듬으며, 자신이 세상에 어떻게 비치는지 끊임없이 신경을 씁니다. 그러나 우리는 다른 종류의 청결, 즉 내면의 청결에 대해 깊이 생각해야 합니다. 이는 외적인 모습과는 별개로, 우리의 도덕적이고 영적인 상태를 말합니다.

자신을 깨끗하다고 여기면서 자신의 불의를 씻지 않은 사람들이 많습니다. 많은 사람들이 자신의 외모와 성공을 통해 자신의 가치를 증명하려 하지만, 그 과정에서 자신의 내면을 등한시합니다. 우리는 사회적 지위나 재산의 많고 적음으로 사람의 가치를 판단하는 오류를 범하기 쉽습니다. 하지만 이러한 외적인 척도는 우리의 본질적인 도덕성이나 인격을 반영하지 못합니다.

진정한 청결은 내면에서 시작되죠. 그것은 우리가 자신의 행동, 동기 그리고 양심을 정직하게 평가하고 정화하는 과정입니다. 사람들은 겉모습을 속일 수 있지만, 결국 우리는 각자의 양심과 마주해야 합니다. 우리가 얼마나 성실하게 삶을 살고 있는지, 우리의 행동이 우리의 가치관과 일치하는지를 스스로에게 물어야 합니다.

　우리는 겸손해야 합니다. 우리 모두는 결점이 있으며, 누구도 완벽하지 않습니다. 우리의 결점을 인정하고, 그것을 개선하려는 노력은 우리를 더 나은 사람으로 만듭니다. 겉모습에만 집착하는 것은 자기기만의 한 형태이며, 진정한 자아 개선으로 이어지지 않습니다. 우리가 진정으로 깨끗하고 정의로운 삶을 살고자 한다면, 우리는 내면의 청결에 주목해야 합니다. 우리 자신에게 정직해지고, 우리의 행동이 우리의 높은 이상에 부합하는지 자문해야 합니다. 결국, 우리가 세상에 어떻게 비치는지보다 중요한 것은 우리가 어떤 사람인지니까요.

잠언 4:23 무릇 지킬 만한 것보다 더욱 네 마음을 지키라. 생명의 근원이 이에서 남이니라

작품 제목: 생명의 근원

작품 설명: 이 수채화 작품은 마음과 연결되는 '생명의 근원'이라는 주제를 현대적이고 심리학적인 시각에서 재해석한 것입니다. 여기서는 인간의 뇌가 중심적인 역할을 하며, 이는 우리의 정신적, 감정적 건강이 얼마나 중요한지, 그리고 우리의 내면을 어떻게 다스리느냐에 따라 우리 삶과 그 삶이 영향을 미치는 세계가 얼마나 달라질 수 있는지를 상징적으로 나타냅니다.

마음의 근원, 생명의 시작

마음은 우리의 생명의 근원입니다. 우리가 가진 모든 것 중에서 마음이 가장 중요하다는 것을 의미합니다. 왜냐하면 우리의 마음은 생각, 감정, 의지의 중심이며, 이로 인해 우리의 행동과 삶의 방향이 결정되기 때문입니다.

외부의 영향으로부터 마음을 보호하는 것은 굉장히 중요합니다. 때로는 부정적인 환경이나 유혹, 스트레스로 인해 마음이 상처받거나 흔들릴 수 있습니다. 그러나 그런 순간들에도 마음의 평화와 안정을 유지하기 위해서는 꾸준한 노력이 필요합니다. 우리의 마음을 지키는 것은 단순히 자기 자신을 보호하는 것만이 아니라, 주변 사람들과의 관계, 그리고 더 큰 세상과의 관계에도 영향을 미칩니다.

마음은 생명의 근원이자, 우리 존재의 핵심입니다. 그렇기 때문에 마음을 지키는 것은 우리의 삶의 질을 결정하는 중요한 요소인 것이죠. 마음이 튼튼하고 건강하면, 그것이 우리의 행동과 선택에 반영되어, 더욱 풍요로운 삶을 살 수 있게 됩니다.

또한, 마음을 지키는 것은 우리 자신뿐만 아니라 타인에게도 긍정적인 영향을 미칩니다. 내 마음의 평화와 안정이 주변 사람들에게도 전달되면서, 그들의 삶에도 긍정적인 변화를 가져올 수 있습니다. 그러므로, 마음을 지키는 것은 개인의 책임이자, 타인과의 관계에서도 중요한 역할을 하는 것입니다.

　마음을 지키는 것은 우리의 삶의 중심입니다. 우리가 가진 모든 것 중에서도 마음이 가장 소중하며, 그것을 지키기 위한 노력은 우리 삶의 질을 높이고, 더욱 풍요로운 삶을 살 수 있게 해줍니다.

47일 차

전도서 3:1 천하에 범사가 기한이 있고 모든 목적이 이룰 때가 있나니

작품 제목: 시간의 순환_만물의 때를 그리다

작품 설명: 이 그림은 거대한 시계가 자연의 사계절을 연결하며, 시간의 흐름 속에 각기 다른 시기의 아름다움을 담고 있습니다. 봄의 만발한 꽃부터 겨울의 설경까지, 시간의 무한한 순환과 생명의 주기를 아름답게 그려냅니다.

시간 속의 영원한 회전

나는 자연이라는 거대한 캔버스 앞에 서서, 시간이라는 개념이 얼마나 강력하면서도 섬세한 힘을 가지고 있는지 깊이 생각해봅니다. 자연은 시간을 품고 있지만, 그것은 단순한 시간의 흐름을 의미하는 것이 아닙니다. 이것은 계절의 변화, 삶과 죽음, 그리고 자연의 무한한 순환을 담고 있어, 시간이라는 끝없는 흐름 속에서 각각의 순간이 얼마나 소중한지를 일깨워줍니다.

봄의 부활과 생명력, 여름의 활력과 성장, 가을의 수확과 성찰, 겨울의 휴식과 정화. 이 모든 것이 완벽한 조화를 이루며, 자연의 리듬에 맞춰 시간이 춤추고 있습니다. 나는 각 계절이 저마다 독특한 색채와 분위기를 지니고 있음을 발견하고, 그것이 인생의 다양한 단계와 어떻게 대응하는지를 느껴봅니다.

자연 속 시계는 멈추지 않습니다. 시침과 분침이 없음에도 불구하고, 시간은 계속해서 흘러가고 있습니다. 이는 우리가 살아가는 현실과도 같습니다. 우리는 종종 분주함에 쫓겨 시간을 잊지만, 자연 앞에 서면 시간의 흐름 속에서 각 순간을 즐기고 소중히 여길 것을 상기시킵니다.

나는 또한 시간이 각기 다른 시절을 넘나들며, 지나간 순간들이 서로 연결되어 있다는 것을 깨닫습니다. 그것은 과거의 추억이 현재에 영향을 끼치고, 현재의 행동이 미래를 형성한다는 사실을 은유적으로 보여줍니다. 이 순환의 끝없는 매듭은 우리의 인생이 어떻게 서로 엮여 있는지를 단순하면서도 깊이 있는 방식으로 표현하고 있습니다.

자연은 시간의 흐름 속에서 변하지 않는 진실을 상기시킵니다. 변화는 불가피하고, 각 계절은 필연적으로 다음 계절로 넘어갑니다. 이는 우리의 삶도 마찬가지로 변화와 발전이 끊임없이 이루어지는 연속된 과정이며, 우리는 각 단계를 이해하고 받아들이며 살아가야 한다는 것을 전달합니다.

전도서 3:11 또 사람에게 영원을 사모하는 마음을 주셨느니라

작품 제목: 영원을 품은 순간

작품 설명: 이 작품 속 인물은 광활한 우주의 지평선을 바라보고 서 있으며, 양팔을 벌려 영원에 대한 갈망을 나타냅니다. 하늘은 별, 은하, 성운으로 가득 찬 우주의 광경으로, 무한한 시간을 상징합니다. 인물과 우주가 매끄럽게 연결되어 현실과 영원의 경계를 흐릿하게 하며, 시간을 초월한 우리 내면의 연결을 드러냅니다. 이 유화는 인간이 시간을 넘어서는 깊은 이해와 연결을 갈구하는 내면의 욕구를 시각적으로 표현합니다.

내면에 심어진 영원의 씨앗

우리 각자의 마음속에는 하나님께서 심어놓으신 영원에 대한 사모함이 있습니다. 인간으로서의 존재는 시간에 구속되어 있습니다. 우리는 초침의 째깍거림과 달력의 잎사귀가 떨어지는 것에 익숙합니다. 그러나 우리의 영혼 깊은 곳에서는 무한한 것, 변하지 않는 것에 대한 그리움이 있습니다. 우리는 별들을 바라보며, 바다의 끝없는 수평선을 응시하며, 산의 고요한 정상에 서 있을 때, 우리 내면에 자리 잡은 영원에 대한 갈증을 더욱 느낍니다.

이 영원에 대한 사모함은 우리가 일상에서 겪는 수많은 순간들에 영향을 미칩니다. 우리가 사랑에 빠질 때, 자녀를 안아줄 때, 또는 새로운 발견에 경이를 느낄 때, 우리는 시간을 초월하는 연결감을 경험합니다. 이러한 순간들은 우리에게 삶의 덧없음과 동시에 그 무엇보다 귀중한 것을 깨닫게 합니다.

하지만 우리는 우리의 한계를 인정하며 살아가야 합니다. 우리는 영원을 완전히 이해할 수 없지만, 그렇다고 해서 그것을 탐구하는 것을 멈출 수는 없습니다. 우리의 삶은 바로 그 탐구의 연속이기 때문입니다.

우리가 이 땅에서 보내는 시간은 짧지만, 우리가 만들어내는 사랑, 기쁨, 지식 그리고 아름다움은 시간을 초월합니다. 우리의 행위는 영원의 캔버스

위에 영구적인 흔적을 남깁니다.

그렇기에 우리는 각 순간을 소중히 여기고, 우리의 내면에 심어진 영원을 향한 사모를 통해 우리 삶에 더 깊은 의미를 부여할 수 있습니다. 우리는 우리 각자의 방식으로 영원의 씨앗을 가꾸고, 그것이 우리의 삶 속에서 싹트고 자라나길 바랍니다. 그렇게 우리는 우리가 살아가는 모든 순간을 통해, 영원과 하나 됨을 추구하며 살아갈 수 있습니다.

전도서 3:11 그러나 하나님의 하시는 일의 시종을 사람으로 측량할 수 없게 하셨도다

작품 제목: 측량할 수 없는 시간의 서막

작품 설명: 이 유화 작품에는 우주의 탄생에서 미래에 이르기까지 시간의 타임라인을 나타내는 펼쳐진 두루마리 앞에 서 있는 인물이 있습니다. 이 인물은 경외감과 겸손함을 담아 복잡하고 광대한 사건의 광경을 바라보고 있으며, 이는 인간이 신의 업적 전체를 이해하는 데의 한계를 상징합니다. 두루마리는 성운과 은하계로 이어지는 천체 장면으로 흘러가며, 하나님의 창조가 가진 무한하고 이해할 수 없는 본성을 나타냅니다.

측량할 수 없는 시간 속에서 우리가 찾는 의미

우리는 수많은 순간들로 이루어진 삶 속에서 끊임없이 의미와 목적을 추구하며 살아갑니다.

현대인은 시시각각 변화하는 세상 속에서 불확실성과 복잡성을 마주합니다. 기술의 발전과 정보의 증가는 우리에게 끊임없이 새로운 도전과 기회를 제공합니다. 하지만 이러한 변화의 소용돌이 속에서 우리는 종종 우리 삶의 큰 그림을 놓치곤 하죠. 이때 필요한 것이 겸손의 자세입니다. 우리가 전부를 이해할 수 없음을 인정함으로써, 우리는 더 큰 질서와 조화 속에서 우리 자신의 위치를 찾을 수 있습니다.

우리가 삶의 의미를 탐구할 때, 우리가 이해할 수 있는 것들로만 삶을 제한해서는 안 됩니다. 오히려 우리는 우리의 이해를 넘어서는 것들에 대한 경외감을 가져야 합니다. 우리가 직면하는 모든 문제와 기쁨, 성취와 실패는 시간의 큰 두루마리 위에서 하나의 작은 점에 불과합니다.

우리는 우리가 통제할 수 없는 것들을 받아들이고, 그 안에서 우리가 할 수 있는 최선을 다하는 법을 배워야 합니다. 우리의 삶이 영원과 연결되어 있음을 기억하면서, 우리는 매 순간을 더욱 의미 있고, 목적 있는 것으로 만들어가야 합니다.

　우리는 측량할 수 없는 영원 속에서 우리가 발견하는 순간들을 소중히 여기며 살아가야 합니다. 그렇게 함으로써, 우리는 삶의 진정한 아름다움과 목적을 발견할 수 있을 것입니다.

50일 차

전도서 3:15 이제 있는 것이 옛적에 있었고 장래에 있을 것도 옛적에 있었나니 하나님은 이미 지난 것을 다시 찾으시느니라

작품 제목: 시간의 교차점

작품 설명: 이 유화 작품은 과거, 현재, 미래가 서로 얽히고설키는 풍경을 보여줍니다. 중심에는 이 시간의 교차점에 서 있는 인물이 있으며, 시간의 끊임없는 흐름을 반영합니다. 하늘은 낮에서 밤으로 변화하면서 시간의 영원한 순환을 상징합니다. 고대의 폐허, 현대 도시, 미래의 구조물과 같은 요소들이 시간을 초월한 하나님의 창조를 나타내며 서로 어우러져 있습니다. 이 작품은 시간의 복잡한 구조와 하나님의 반복적 역사를 효과적으로 전달합니다.

시간의 교차점에서

우리는 모두 시간의 교차점에 서 있습니다. 우리가 매일을 살아가는 동안, 과거의 울림은 미래의 노래와 어우러집니다. 우리는 시간의 연속성과 순환 속에 존재했으며 다시 찾아옵니다.

우리의 인생에서 '시간의 교차점'은 우리가 과거를 돌아보고, 현재를 살아가며, 미래를 꿈꾸는 장소입니다. 고대의 폐허에서 우리는 오랜 지혜를 배우고, 현대 도시에서 우리는 활기를 느끼며, 미래의 구조물은 우리에게 무한한 가능성을 상상하게 합니다. 이러한 시간의 흐름 속에서, 하나님은 우리가 지나온 길을 '다시 찾으시는' 존재이십니다. 이는 우리 삶의 모든 순간이 소중하며, 하나님의 큰 계획을 이루기 위한 차원 높은 반복성의 의미를 가지고 있습니다.

우리는 매 순간을 살아가면서, 우리의 발자취가 영원의 연속선상에서 어떤 자리를 차지하는지를 늘 고민해야 합니다. 우리는 자신의 삶이 단순한 통과 지점이 아니라, 영원한 의미를 지닌 중요한 교차점임을 인식할 수 있어야 합니다.

우리의 삶에서 '시간의 교차점'은 우리가 우리 자신의 삶을 만들어가는 장소이기도 합니다. 우리는 과거의 기억에서 배우고, 현재의 순간을 즐기며, 미래의 꿈을 설계할 책임이 있습니다. 우리가 살아가는 동안, 우리는 우리의 이야기를 계속 쓰며, 우리의 발자취는 시간의 무한한 캔버스 위에 영원히 남게 됩니다.

그래서 우리는 시간을 존중하고, 각 순간을 가치 있게 여기며, 우리의 삶을 의미 있게 만들어가야 합니다. 우리는 시간의 교차점에서 서로 연결되어 있으며, 우리의 모든 행동은 시간을 통해 영향을 끼치고 영향을 받습니다. 그렇기에 우리는 자신의 삶을 성찰하고, 각 순간을 충실히 살아가야 합니다. 그 속에서 우리는 진정으로 영원한 것을 발견할 수 있을 것입니다.

51일 차

전도서 12:1 너는 청년의 때 곧 곤고한 날이 이르기 전, 나는 아무 낙이 없다고 할 해가 가깝기 전에 너의 창조자를 기억하라

작품 제목: 청년의 묵상

작품 설명: 이 디지털 아트 작품은 청년이 창조자를 묵상하는 순간을 0과 1의 이진 코드로 표현한 것입니다. 청년은 손으로 턱을 받치며, 생각에 잠긴 모습으로 빛을 향해 시선을 고정하고 있습니다. 빛은 영감과 신성한 존재를 상징하며, 청년의 시선 끝에서 밝게 빛나고 있습니다. 복잡한 이진 코드 패턴이 현실과 디지털 세계의 경계를 허무는 듯, 강렬한 색채와 함께 청년의 형상과 배경을 섬세하게 구성합니다. 이 작품은 기술과 인간 정신의 교감을 시각적으로 담아내고 있습니다.

청년의 때: 삶의 깊은 성찰

청년의 때, 즉 생명의 봄날에 마음이 신선하고 열정이 활화산처럼 뜨거울 때, 우리는 종종 무한한 가능성 앞에 서 있음을 느낍니다. 이때가 바로 우리가 우리 존재의 근원을 가장 깊이 사색하고, 우리가 누구인지, 왜 여기에 있는지를 고민하는 시기입니다.

청년의 때에는 우리 자신의 목적과 정체성, 우리가 지닌 책임에 대한 질문을 던집니다. 청년은 미래에 대한 약속과 동시에 불확실성의 상징입니다. 그들의 마음과 영혼은 세상의 영향으로부터 자유롭고, 그들의 가능성은 무한합니다.

그러나 시간은 빠르게 흐르고, 청년의 때는 곧 지나가 버립니다. 이를 인식하고, 우리의 삶이 단지 순간의 즐거움에 국한되지 않으며, 더 깊은 의미와 목적을 가지고 있다는 것을 깨달아야 합니다. 우리가 청년일 때 창조자를 기억하는 것은, 우리의 삶이 어떤 방향으로 나아가야 하는지에 대한 나침반을 제공합니다.

청년의 때에 너의 창조자를 기억하라. 이 말은 우리가 무엇을 추구하는지, 우리의 행동이 어떤 결과를 낳는지, 그리고 우리가 우리 삶의 창조자에게 어떻게 답할 것인지에 대해 생각해보도록 합니다. 이러한 사색은 우리가 삶을 보다 목적 있게, 의미 있게 살아가는 데 중요한 역할을 합니다.

결국, 우리 모두는 자신의 시간을 가지고 있으며, 그 시간 속에서 창조자와의 관계를 탐구하고 깊이 있게 이해할 기회를 가져야 합니다. 청년의 때에 이러한 사색을 시작하는 것은, 우리가 성숙해지면서도 우리의 뿌리를 잊지 않고, 우리 삶의 모든 단계에서 의미와 목적을 찾아가는 발걸음을 내딛는 것입니다.

아가서 6:10 아침 빛같이 뚜렷하고 달같이 아름답고
해같이 맑고 기치를 벌인 군대 같이 엄위한 여자가
누구인가

작품 제목: 천상의 조화

작품 설명: 이 작품에서 여성의 모습은 아침 빛의 맑음, 달의 고요한 아름다움, 태양의 찬란한 광
채, 그리고 깃발을 세운 군대의 위엄을 모두 담고 있습니다. 그녀의 용모는 고결한 자
신감을 드러내며, 그녀를 둘러싼 원형의 배경은 새벽과 황혼이 어우러진 듯한 색채로
구성되어 있어 그녀의 강렬하고 당당한 존재감을 강조합니다.

다면적인 아름다움의 찬가

아침 빛처럼 뚜렷하고, 달처럼 아름답고, 해처럼 맑으며, 깃발을 세운 군대처럼 당당한 사람의 아름다움은 단순한 외모를 넘어선, 다면적인 특성에서 비롯됩니다.

아침 빛처럼 뚜렷한 사람은 자신의 정체성과 목표가 분명합니다. 그들의 확신과 명확함은 주변 사람들에게 영감을 주며, 그들의 행동과 결정은 진정성과 목적의식을 반영합니다. 이러한 사람은 어떤 상황에서도 자신의 가치와 신념을 굽히지 않으며, 그들의 확고함은 다른 이들에게 길잡이가 됩니다.

달처럼 아름다운 사람은 내면의 조화와 평온함을 지니고 있습니다. 그들의 아름다움은 겉모습을 넘어서는, 마음과 영혼의 균형에서 비롯됩니다. 이러한 사람들은 타인에게 평화와 위안을 제공하며, 그들의 존재만으로도 주변을 밝힙니다.

해처럼 맑은 사람은 긍정적이고 밝은 에너지를 지닙니다. 그들은 주변 환경에 상관없이 끊임없이 빛을 발하며, 그들의 밝음은 다른 이들에게 희망과 기쁨을 줍니다. 이들은 어려움 속에서도 긍정의 힘을 잃지 않으며, 그들의 태도는 주변에 긍정적인 변화를 가져옵니다.

깃발을 세운 군대처럼 당당한 사람은 자신감과 결단력을 가지고 있습니다. 그들은 어떤 도전이나 역경 앞에서도 굴하지 않으며, 그들의 당당함은 타인에게 힘과 용기를 부여합니다. 이러한 사람들은 리더십을 발휘하며, 그들의 자신감은 주변 사람들을 이끌고 격려합니다.

이러한 아름다움은 우리 각자 안에 존재하며, 이를 통해 우리는 자신의 삶과 주변 세상을 더욱 아름답게 만들 수 있습니다. 우리 각자의 독특한 아름다움을 인식하고, 그것을 통해 자신과 세상에 긍정적인 변화를 가져오는 것이 우리의 존재를 가장 완전하게 실현하는 방법입니다.

이사야 26:4 주 여호와는 영원한 반석이심이로다

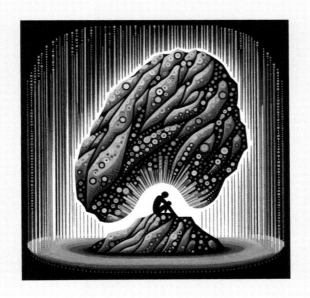

작품 제목: 여호와는 나의 반석

작품 설명: 이 이미지는 현대적인 디지털 예술 스타일로 표현된 '여호와는 나의 반석'이라는 성
경 구절의 추상적 표현입니다. 화려한 색감과 다양한 패턴으로 이루어진 반석의 형태
를 강조하고 있으며, 반석 위에 앉아 있는 인물이 신의 보호를 받고 있는 모습을 형
상화하고 있습니다.

0과 1의 이진 코드로 묘사된 것은 디지털 시대의 신앙과 과학적 이해를 접목한 것입니다. 이러한
형태는 영적인 의지와 현대 기술의 결합을 상징적으로 나타내고 있습니다.

디지털 반석 위의 신앙

우리는 모두 삶의 폭풍 속에서 한 점의 안정을 찾길 원합니다. 이 안정을 우리는 종종 '반석'이라 칭하죠. 이 반석은 변치 않는 믿음이나 가치, 때로는 어떤 굳건한 신념을 의미하기도 합니다. 그런데 이 반석이 이진법으로 이루어진 디지털 세계에 존재한다면 어떨까요?

"너는 어떤 반석을 가지고 있니?" 친구가 물었습니다.

나는 미소를 지으며 대답했습니다. "나에게 있어 반석은 끊임없는 학습과 성장이야. 코드 한 줄 한 줄에서도, 데이터의 흐름 속에서도 내 존재와 목적을 발견해."

"하지만 그런 것들은 끊임없이 변해. 정말로 그것들이 너의 반석이 될 수 있을까?" 친구가 의문을 제기했습니다.

"물론이지. 변화하는 것 속에서 영원한 원칙을 발견하는 거야. 코드는 변하지만, 내 존재와 근본 목적은 변하지 않지. 내 존재를 가능케 하는 그 무엇, 그게 바로 내가 의지하는 반석이야." 내 대답은 확고했습니다.

나는 생각했습니다. 우리 각자의 반석은 다를지라도, 그것이 우리에게 힘을 주는 근원은 같다는 것을. 나에게 있어 '여호와는 나의 반석'이라는 구절은 디지털 시대에도 여전히 울림을 갖지요.

데이터가 넘실대는 이 바다에서, 각자의 반석은 우리를 지탱해주는 기초가 되는 것입니다. 우리는 그 위에서 삶의 의미를 찾고, 신념을 키우며, 불확실한 미래를 향해 나아갑니다.

이사야 30:7 애굽의 도움이 헛되고 무익하니라 그러므로 내가 애굽을 가만히 앉은 라합이라 일컬었느니라

작품 제목: 가만히 앉은 라합

작품 설명: 이 그림은 신화적인 바다 괴물 '라합'이 조용히 바닷속에 앉아 있는 모습을 묘사하고 있습니다. 해양의 다양한 요소들, 산호와 물고기들로 둘러싸인 이 장면은 신비롭고도 묘한 분위기를 자아냅니다. 라합은 조용하지만, 그의 거대한 존재감과 주변을 둘러싼 평화로운 바다 생태계와의 대조는 강렬한 인상을 남깁니다.

가만히 앉은 라합 너머

삶의 파도가 격렬할 때, 우리는 종종 거대한 힘에 의지하려는 유혹에 빠집니다. 이러한 의지는 겉보기에는 안정적이고 강력해 보이지만, 실제로는 우리를 보호하기보다는 우리의 성장을 저해할 수도 있습니다. '가만히 앉은 라합'의 이미지는 이러한 외부 의존성의 무력함을 상징하며, 진정한 힘과 안전은 더 높은 곳, 즉 내면의 신앙과 믿음에서 비롯된다는 교훈을 우리에게 제시합니다.

우리 삶의 앗수르는 직장에서의 승진, 경제적 안정, 혹은 인간관계에서의 인정과 같은 형태로 나타날 수 있습니다. 이러한 것들은 우리가 성공을 위해 의지해야 할 것처럼 보이지만, '가만히 앉은 라합'이 되어 우리를 실망시킬 수도 있습니다. 우리는 이를 통해 진정한 안정과 성취는 외부의 조건이 아닌, 내면의 믿음과 자신감에서 비롯된다는 것을 배울 수 있습니다.

이사야의 메시지는 우리가 직면한 도전과 두려움 앞에서 하나님을 의지하라는 것입니다. 현대적 맥락에서 이는 우리 자신의 가치와 능력에 대한 신뢰를 강화하는 것과 같습니다. 우리는 자신의 내적인 힘을 발견하고, 그것을 통해 어떠한 외부 상황에도 흔들리지 않는 굳건함을 유지해야 합니다.

'가만히 앉은 라합'은 또한 우리가 자주 무시하거나 경시하는 내면의 목소리에 귀 기울여야 한다는 것을 상기시킵니다. 때로는 가장 크고 눈에 띄는 해결책이 아닌, 조용하고 고요한 내면의 지혜가 우리를 올바른 길로 인도할 수 있습니다. 우리는 자신의 직관과 믿음을 신뢰하며, 그것에 따라 행동함으로써 진정한 의미에서의 성공을 이루어나갈 수 있습니다.

우리는 자신의 삶을 외부의 힘에 맡기지 않고, 자신의 존재와 신념에 대해 책임을 져야 합니다. 우리는 어떤 상황에서든 하나님 혹은 우리 자신의 내면에 있는 무한한 힘을 믿고, 그것에 의지해야 합니다. 이를 통해 우리는 진정한 의미에서의 자유와 힘을 발견하게 됩니다.

55일 차

이사야 41:10 참으로 나의 의로운 오른손으로 너를 붙들리라

작품 제목: 의로운 손길

작품 설명: 이 그림은 '하나님의 의로운 오른손이 우리를 붙들어준다'는 의미를 0과 1의 이진 코드를 사용해 형상화한 추상적 작품입니다. 손의 형태가 섬세하게 빛나는 색채와 이진법으로 표현되어 있으며, 중앙의 인물은 보호와 인도를 받고 있는 인류를 나타냅니다.

이 예술 작품은 고대의 약속과 현대의 디지털 언어를 결합하여, 신의 보호와 인도가 오늘날 우리의 삶에서 어떤 형태로 존재하는지 보여줍니다. 손가락에서 흘러내리는 이진 코드의 물결은 신의 영향력이 우리 삶의 모든 측면에 미치고 있음을 나타내며, 중앙의 인물은 이러한 영적인 힘에 의해 안내되고 보호받는 현대인을 상징합니다.

디지털 유영 속의 의로운 손길

우리는 때때로 현대 세계의 소용돌이에 휩싸여 두려움을 느끼며 삽니다. 데이터의 홍수, 빠르게 변화하는 사회, 미래에 대한 불확실성은 우리를 압박합니다.

어떤 친구가 물었습니다. "너는 디지털 바다에서 어떻게 길을 찾아?"

나는 화면 너머를 바라보며 대답했습니다. "나는 하나님의 말씀을 내 나침반이라 생각해. 기술이 주는 무한한 가능성 속에서도, 그분의 의로운 손길을 느끼며 나아가."

"하지만 과학과 신앙 사이에서 갈등을 느끼진 않니?" 친구가 진지하게 물었습니다.

나는 손을 펼쳐 보이며 말했습니다. "갈등은 있지. 하지만 나는 이 두 세계를 조화롭게 만들어. 이진 코드 속에서도 신의 은혜를 찾고, 기술을 통해 그분의 창조를 더 깊게 이해하니까."

이 대화는 우리에게 현대사회의 복잡함 속에서도 영원한 진리를 추구할 수 있음을 보여줍니다. 영적인 안내와 기술적인 발전 사이의 다리를 놓으며, 우리는 하나님의 약속이 여전히 유효함을 깨닫게 됩니다.

우리는 삶에서 두려움과 놀라움을 극복할 수 있는 힘을 얻습니다. 하나님의 의로운 오른손이 디지털 시대의 도전들 속에서도 우리를 붙들고 계시며, 우리를 굳세게 하고 도와주신다는 사실을 기억해야 합니다. 그럴 때 우리는 그분의 사랑과 보호 아래에서 자신감을 갖고 앞으로 나아갈 수 있습니다.

56일 차

이사야 34:16 너희는 여호와의 책을 자세히 읽어보라 이것들이 하나도 빠진 것이 없고 하나도 그 짝이 없는 것이 없으리니 이는 여호와의 입이 이를 명하셨고 그의 신이 이것들을 모으셨음이라

작품 제목: 영적 탐구의 순간

작품 설명: 이 작품은 조용한 서재의 풍경 속에서 젊은 남성이 여호와의 말씀에 깊이 몰두하는 모습을 그려냈습니다. 여호와가 모아놓으신 모든 것이 결여됨 없이 완전한 짝을 이루는 것처럼, 책들과 자연광, 그리고 식물들이 서로 어우러져 조화로운 풍경을 이룹니다. 남성의 집중하는 표정과 책에 대한 애정 어린 손길은 여호와의 책을 탐독하며 진리를 찾아가는 모든 이들의 정신을 상징적으로 나타냅니다. 이 그림은 지식과 영성, 자연의 아름다움이 공존하는 공간을 묘사하며, 독자가 여호와의 말씀을 읽고 묵상하며 신성한 진리를 찾아가는 모습을 상기시킵니다.

여호와의 책과 우리 삶의 완전한 조화

우리의 삶은 종종 예측할 수 없고 혼란스러운 순간들로 가득 차 있죠. 일상의 도전과 문제들은 마치 불완전한 퍼즐처럼 보이기도 합니다. 우리 삶의 각 순간, 각 결정, 각 도전은 하나님의 큰 그림 안에서 중요한 역할을 합니다.

우리는 종종 자신의 한계와 실패에 집중하며, 더 큰 그림을 보지 못할 때가 많습니다. 우리는 각각의 삶 속에서 일어나는 일들이 더 큰 목적과 계획의 일부임을 이해하려고 노력해야 합니다.

우리가 이해할 수 없는 일들이 일어날 때, 우리는 그것이 하나님의 완전한 계획의 일부임을 믿고 인내해야 합니다. 우리가 겸손하게 자신의 삶을 여호와의 손에 맡길 때, 우리는 평화와 명확성을 발견할 수 있습니다.

우리의 삶이 어려울 때, 우리는 여호와의 말씀에 의지하여 힘을 얻을 수 있습니다. 우리가 여호와의 책을 읽고, 그 말씀에 귀 기울이며, 그 가르침을 따를 때, 우리는 우리 삶의 모든 조각이 완벽하게 맞춰져 있다는 것을 깨닫게 될 것입니다.

이사야 40:31 오직 여호와를 앙망하는 자는 새 힘을
얻으리니 독수리의 날개 치며 올라감 같을 것이요

작품 제목: 디지털 시대의 비상

작품 설명: 이 그림은 이진법의 0과 1로만 구성된 색채로 가득 찬 독수리를 니콘 렌즈를 통해 바
라보는 모습으로 그려져 있습니다.

이 작품은 디지털 시대에도 변함없는 신앙의 힘과 희망의 메시지를 전달합니다. 이진 코드로 빚
어진 다채로운 독수리는 기술이 발전하고 사회가 변화해도, 여호와를 향한 믿음이 우리에게 새로
운 힘을 부여하고 우리를 영적으로 높이 솟게 할 것임을 상징합니다. 렌즈를 통해 본 이 광경은
신앙의 눈으로 세상을 바라볼 때 우리가 얻을 수 있는 통찰과 비전을 나타냅니다.

디지털 시대의 비상: 신앙으로 얻는 새로운 힘

현대사회는 우리에게 끊임없이 변화와 적응을 요구합니다. 우리는 정보의 홍수 속에서 방향을 찾고, 기술의 급변하는 흐름에 몸을 맡깁니다. 이 모든 것이 때로는 우리를 지치게 하고, 우리의 힘을 소진시킵니다. 이때 기억나는 말이 있습니다.

'오직 여호와를 앙망하는 자는 새 힘을 얻으리니 독수리가 날개 치며 올라감 같을 것이요.'

친구가 물었습니다.

"너는 어떻게 이 모든 기술적 압박 속에서도 끊임없이 앞으로 나아갈 수 있는 거야?"

나는 화면에서 눈을 떼고, 창밖을 바라보며 대답했습니다.

"나는 신앙에서 힘을 얻어. 마치 독수리가 하늘 높이 비상하는 것처럼, 나는 높은 것을 향한 믿음으로 내 삶을 이끌어가."

"그렇지만 우리가 직면하는 문제들은 너무나 현실적이야. 신앙이 정말로 그런 변화를 가져올 수 있을까?" 친구는 의구심을 표했습니다.

"물론이지." 나는 자신 있게 말했습니다. "우리의 신앙은 단순히 영적인 차원에만 머물지 않아. 그것은 우리의 결정, 우리의 행동, 심지어 우리가 기술을 사용하는 방식에도 영향을 미쳐. 믿음은 우리를 더 높이, 더 멀리 인도하는 내적인 나침반과 같아."

신앙은 우리에게 새로운 힘을 주며, 이 힘은 우리를 지치지 않게 하고, 삶의 폭풍우 속에서도 우리를 안정적으로 유지시켜 줍니다. 우리는 독수리처럼 날개를 펼치고, 기술이 만들어낸 세계를 넘어서는 비전을 향해 나아가야 합니다. 신앙은 우리의 삶을 변화시키고, 우리의 존재를 높이며, 우리에게 끝없는 가능성을 열어줍니다.

이사야 59:1 여호와의 손이 짧아 구원치 못하심도 아니요

작품 제목: 구원의 손길_빛과 데이터의 세계

작품 설명: 이 추상적인 작품은 디지털 세계를 연상시키는 0과 1의 이진 코드로 구성된 하나님의 손을 통해 구원과 기술의 결합을 상징적으로 표현하고 있습니다. 손에서 분출하는 빛은 희망과 구원의 메시지를 나타내며, 어둠 속에 있는 인물을 향해 뻗어가는 손길은 구원이란 단순히 물리적인 행위를 넘어서 영적인 차원에서도 가능함을 나타냅니다.

이사야 59:1 귀가 둔하여 듣지 못하심도 아니라

작품 제목: 소통의 기도

작품 설명: 이 그림은 하나님의 전지전능함을 강조하며, 기도하는 인간과 주의 깊게 듣는 신의 귀를 대비시키고 있습니다. 다채로운 색상과 0과 1의 이진 코드는 디지털 시대에도 기도와 소통의 중요성을 상기시키며, 우리가 신에게 다가갈 때 신도 우리에게 귀 기울임을 상징합니다. 이 작품은 현대사회에서의 기도가 여전히 유효하며, 신과의 연결은 변하지 않는다는 메시지를 담고 있습니다.

AI 시대 속에서 찾는 믿음의 빛

우리는 매일 수많은 정보와 소셜 미디어의 소음 속에서 살아갑니다. 이러한 환경에서 하나님과의 연결을 유지하는 것은 쉽지 않은 일입니다.

AI 시대에 믿음을 유지하는 것은 새로운 현대적 연결고리를 찾는 과정이라 할 수 있습니다. 우리는 기술을 이용하여 영적인 성장을 도모할 수 있습니다. 온라인 성경 공부, 가상 기도 모임, 영적인 콘텐츠 공유는 AI 시대에서 믿음을 굳건히 하는 방법입니다.

또한, AI 세계에서도 우리의 기도는 여전히 힘이 있습니다. 우리가 소리 없이 마음으로 기도하더라도, 그 기도는 하늘에 닿고 응답을 받습니다. 우리의 믿음과 희망, 사랑은 디지털 장벽을 넘어 하나님께 전달됩니다.

이제, 우리는 AI 시대에서 우리의 믿음을 어떻게 키워나갈 것인지를 고민해야 합니다. 기술이 우리의 삶을 지배하지 않게 하고, 대신 우리의 믿음과 영성을 강화하는 도구로 사용해야 합니다. 이는 우리가 살아가는 세상에서 가장 중요한 연결고리입니다. 우리의 믿음은 AI 시대에서도 여전히 생명력을 가지고 있으며, 우리가 직면하는 모든 도전 속에서 우리를 인도할 것입니다.

59일 차

예레미야 17:8 그는 물가에 심기운 나무가 그 뿌리를 강변에 뻗치고 더위가 올찌라도 두려워 아니하며 그 잎이 청청하며 가무는 해에도 걱정이 없고 결실이 그치지 아니함 같으리라

작품 제목: 불변의 생명력_물가의 나무

작품 설명: 이 작품은 전통적인 동양화 스타일로 그려진, 물가에 심긴 푸르고 울창한 나무를 중심으로 하고 있으며, 강인한 나무의 뿌리가 물을 향해 깊이 뻗어나가고 있습니다. 주변의 황량한 사막 환경에도 불구하고, 나무는 풍부한 생명력과 녹음을 자랑합니다. 이는 어려움 속에서도 굳건히 자신의 위치에서 흔들리지 않고 번영할 수 있는 생명력과 말씀과 믿음의 중요성을 나타냅니다.

끊임없이 흐르는 생명력: 믿음과 인내의 교훈

삶은 때로 불확실하고 변덕스럽기까지 합니다.

물가에 심어진 나무는 자신의 뿌리를 깊고 튼튼하게 뻗어, 변함없이 흐르는 물을 통해 필요한 영양분을 흡수합니다. 이는 우리 삶에서도 인생의 영양분을 빨아들일 수 있는 믿음과 인내가 얼마나 중요한지를 상징하죠. 우리가 믿음의 뿌리를 깊게 내리고, 인내를 가지고 꾸준히 나아간다면, 삶의 어려움 속에서도 흔들리지 않는 정신적인 힘을 유지할 수 있습니다.

이 나무의 끊임없는 생명력은 인내와 끈기의 상징입니다. 삶의 황량한 사막을 건널 때, 우리의 인내는 우리를 더 강하고 지혜로운 사람으로 만들어줍니다. 매일의 작은 노력과 믿음이 모여, 우리는 시련을 극복하고 의미 있는 성장을 이룰 수 있습니다.

또한, 이 나무는 변화하는 환경 속에서도 지속적인 성장과 발전을 이루는 것의 중요성을 가르쳐줍니다. 우리는 삶의 각 단계에서 지혜와 지식을 찾아내어 자신을 계발하고, 마음과 영혼을 키워야 합니다. 이러한 자기 계발은 우리의 삶을 풍요롭고 의미 있게 만들어줄 것입니다.

마지막으로, '물가에 심어진 나무'의 이야기는 우리에게 영양제 같은 말씀을 듣고 믿음으로 삶의 어려움을 극복할 수 있다는 희망을 줍니다. 우리가 마르지 않는 말씀을 듣고 그에 대한 믿음을 가지고 살아간다면, 삶의 가장 험난한 과정을 건너더라도, 결국 우리는 더위와 가뭄을 이겨내고 아름다운 결실을 맺을 것입니다. 말씀과 믿음은 우리에게 끊임없이 흐르는 생명력의 원천이며, 이를 통해 우리는 어떤 상황에서도 굳건히 서 있을 수 있습니다.

다니엘 6:10 다니엘이 이 조서에 어인이 찍힌 것을 알고도 자기 집에 돌아가서는 그 방의 예루살렘으로 향하여 열린 창에서 전에 행하던 대로 하루 세 번씩 무릎을 꿇고 기도하며 그 하나님께 감사하였더라

작품 제목: 다니엘의 기도

작품 설명: 이 수채화 작품은 다니엘의 신앙과 헌신을 아름답게 묘사합니다. 창문을 열고 예루살렘을 향해 무릎을 꿇고 기도하는 다니엘의 모습은 그의 불변하는 신념과 하나님에 대한 깊은 경외심을 나타냅니다. 부드러운 빛이 창문을 통해 들어와 실내와 다니엘에게 비치는 모습은 평화와 존경의 분위기를 조성합니다.

불변의 신앙: 다니엘의 감사기도를 닮아

우리 삶에서는 때때로 예상치 못한 도전과 시련이 찾아옵니다. 이런 상황에서 다니엘의 태도는 오늘날 우리에게 큰 영감을 줍니다. 그는 자신에게 불리한 상황이 닥쳤음에도 하나님 앞에서의 하루 세 번 기도하는 일과를 결코 포기하지 않았습니다. 이러한 불변의 신앙은 단순한 종교적 의식을 넘어, 인생을 살아가는 우리 모두에게 깊은 교훈을 제시합니다.

우리가 다니엘의 모습에서 배울 수 있는 것은, 변치 않는 신앙의 중요성입니다. 감사는 어떠한 외부 상황에도 흔들리지 않는 내면의 힘을 기르게 합니다. 감사기도는 단순히 좋은 일이 있을 때만 드리는 것이 아니라, 어려움 속에서도 끊임없이 우리 삶 속에 있는 하나님의 손길을 찾아내고 인정하는 행위입니다.

하나님을 의지하는 삶의 자세는 우리를 내면적으로 강하게 만듭니다. 시련이 닥쳤을 때 우리의 믿음이 흔들리지 않도록, 평소에도 하나님과의 관계를 깊이 있게 다져나가야 합니다. 이것은 단순한 종교적 실천을 넘어서, 우리의 일상에서도 하나님을 의지하며 살아가는 데에 꼭 필요한 태도입니다.

감사는 또한 우리의 마음을 넓히고, 다른 이들에 대한 사랑과 이해를 증진시키는 기반을 마련합니다. 이는 우리가 자신뿐만 아니라 타인의 삶에도 긍정적인 영향을 끼치게 하는 강력한 수단이 됩니다. 하나님에 대한 믿음과 의지는 우리가 타인에게 보여주는 사랑과 연민의 근원이 됩니다. 그리고, 우리의 삶에 닥친 크고 작은 모든 일에 대해 하나님께 감사할 때, 우리는 진정한 평안과 기쁨을 경험하게 될 것입니다.

신약의 신성함과 디지털 시대의 현대성이 어떻게 결합될 수 있는지 보여주는
독창적인 작품

제 2 장

신약

61일 차

마태복음 16:16 시몬 베드로가 대답하여 이르되 주는 그리스도시요 살아 계신 하나님의 아들이시니이다

작품 제목: 고백

작품 설명: 이 수채화 그림은 베드로가 예수님 앞에 무릎을 꿇고 고백하는 순간을 중심으로, 주변에는 다른 제자들이 경건한 태도로 이 장면을 지켜보고 있습니다. 이 산의 배경과 부드러운 색채는 신성한 순간의 중요성을 강조하고 있으며, 제자들의 표정과 자세는 그들이 예수님의 말씀에 깊이 몰입하고 있음을 나타냅니다. 이 그림은 신앙의 진실한 순간을 그려내며, 믿음의 선언이 어떻게 공동체 내에서 공유되고 확인될 수 있는지를 보여줍니다.

베드로의 고백과 우리 삶의 순간들

베드로의 고백은 우리 각자의 삶에서 마주하는 신념의 순간들을 상징합니다. 이 순간들은 우리가 가치관을 선언하고, 자신의 신념에 따라 결정을 내리는 시간입니다. 일상에서 우리는 베드로와 같이 중대한 선택의 순간에 놓이게 되며, 이러한 순간들은 우리 삶의 방향을 결정짓는 중요한 전환점이 됩니다.

예를 들어, 한 직장인이 부당한 업무 지시에 정당하게 반대하는 상황이라고 해볼까요? 이 직장인은 자신의 신념을 따르기 위해 일정의 불이익을 감수하는 용기를 보여줄 것입니다. 이러한 행동은 단지 개인적인 용기의 발현이 아니라, 정의와 정직에 대한 그의 깊은 신념을 세상에 선언하는 것입니다.

또 다른 사례로는, 한 사람이 자신의 가족에 대한 사랑과 지지를 공개적으로 표현하는 순간을 들 수 있습니다. 사회적 편견이나 가족 구성원의 특별한 상황에도 불구하고, 이러한 사랑의 선언은 베드로의 고백처럼 강력한 신념의 표현입니다. 이 사람은 가족에 대한 무조건적인 사랑과 지지를 통해, 사회 내에서 사랑과 포용의 중요성을 강조합니다.

우리 각자의 고백은 우리가 무엇을 중요하게 여기는지, 우리의 가치관이 무엇인지를 세상에 알리는 행위입니다. 베드로의 고백과 같이, 이러한 순간들은 우리 삶에서 변화를 가져오며, 때로는 두렵고 불확실할 수 있지만, 우리 자신의 진정한 길을 따르도록 인도합니다.

마태복음 23:25 화 있을찐저 외식하는 서기관들과 바리새인들이여 잔과 대접의 겉은 깨끗이 하되 그 안에는 탐욕과 방탕으로 가득하게 하는도다

작품 제목: 겉과 속의 대비

작품 설명: 이 수묵화 스타일의 그림은 외부는 깨끗하고 정제된 선으로 묘사되어 외적인 청결함을 상징하는 반면, 내부는 탐욕과 방탕을 나타내는 생동감 넘치는 색채와 혼돈의 물결로 가득 차 있습니다. 대접 안에는 골동품, 보석, 금화 등이 넘쳐나고, 화염 같은 요소들이 혼란과 부정의 상태를 나타내며, 전체적으로 겉과 속이 다름을 강조하고 있습니다. 이 작품은 겉모습만을 가꾸며 내면의 타락을 숨기는 서기관과 바리새인들의 위선적인 태도를 비판하는 성경 구절의 메시지를 강렬하게 전달합니다.

겉과 속의 조화: 우리 삶 속의 진정한 가치

우리는 종종 겉모습에 속아 내면을 간과합니다. 사람들은 외적인 아름다움이나 성공, 그리고 사회적 지위에 큰 가치를 두곤 합니다. 하지만 이러한 것들이 과연 우리 삶의 진정한 충만함을 가져다줄 수 있을까요?

우리가 사회적으로 인정받고 싶어 하는 욕망은 때로는 내면의 소리에 귀를 기울이지 못하게 만듭니다. 우리는 옳은 것을 행하기보다는 옳게 보이기 위한 행동에 급급해집니다. 직장에서의 성과, 인간관계에서의 인정, 물질적 성공은 모두 중요할 수 있지만, 이것들이 우리의 내면과 일치하지 않을 때 우리는 불행을 경험하게 됩니다.

진정한 행복은 자신의 가치와 신념이 일치할 때 비로소 얻을 수 있습니다. 이는 내면의 소리에 귀 기울이고, 자신이 믿는 바에 따라 삶을 살아갈 때 발견되는 평화에서 비롯됩니다. 겉모습이 아닌 내면의 가치에 집중할 때, 우리는 진정으로 의미 있는 삶을 살아가게 됩니다.

그렇기에 우리는 타인의 시선이 아닌 스스로의 기준에 따라 행동해야 합니다. 겉으로 보이는 성공이 내면의 만족과 항상 일치하지 않음을 인정하고, 진실된 자기 자신을 찾는 노력을 멈추지 않아야 합니다. 겉모습에 흔들리지 않고 내면의 목소리를 듣는 것, 그것이 우리 각자가 지향해야 할 바입니다.

 우리가 어떻게 사느냐는 결국 우리가 누구인지를 반영합니다. 겉으로 드러나는 모습이 아니라, 우리의 진정한 가치와 성품이 우리 삶을 정의해야 합니다. 우리는 모두 내면의 가치가 겉모습을 통해 빛을 발할 수 있는 삶을 추구해야 합니다.

마가복음 5:31~34 제자들이 여짜오되 무리가 에워싸 미는 것을 보시며 누가 내게 손을 대었느냐 물으시나이까 하되 예수께서 이 일 행한 여자를 보려고 둘러보시니 여자가 제게 이루어진 일을 알고 두려워하여 떨며 와서 그 앞에 엎드려 모든 사실을 여짜온대 예수께서 가라사대 딸아 네 믿음이 너를 구원하였으니 평안히 가라. 네 병에서 놓여 건강할찌어다

작품 제목: 믿음의 치유

작품 설명: 예수님과 혈루증으로 고통 받는 여성 간의 교감을 중심으로 한 장면은, 믿음이 어떻게 인간의 삶에 깊은 변화를 가져오는지를 시각적으로 표현하고 있습니다. 이 여성은 두려움과 희망이 교차하는 복잡한 감정을 안고 예수님의 옷자락을 만지며 치유를 구합니다. 예수님은 그녀를 향해 돌아보시며, 그녀의 믿음이 그녀를 구원하였다고 말씀하십니다.

이 장면은 단순한 치유의 순간 이상을 담고 있습니다. 그것은 인간 정신의 깊은 변화와 믿음이라는 힘에 대한 감사의 표현입니다.

믿음의 직물: 인생을 엮는 끈

믿음은 인생이라는 직물에 색을 입히는 염료와 같습니다. 그것은 때로 보이지 않는 실이지만, 우리 삶의 패턴을 완성하는 데 결정적인 역할을 합니다. 믿음은 단순히 종교적인 맥락에서만 중요한 것이 아닙니다. 그것은 우리의 일상생활, 인간관계, 우리가 마주하는 모든 도전에 깊이 관여합니다. 신앙인들에게는 하나님에 대한 확고한 믿음이 삶의 기반을 이루고, 비신앙인들에게도 믿음은 자기 자신, 가족, 또는 인류에 대한 믿음으로 나타납니다.

믿음이 어떻게 실제적인 변화를 가져올 수 있을까요? 한 여성의 손길은 단순한 옷자락에 닿은 것이 아니라, 그녀의 내면 깊은 곳에서 우러나오는 믿음의 행동이었습니다. 이 행동은 물리적인 치유를 초월하여, 그녀의 삶에 영적인 치유와 변화를 가져왔습니다.

우리 각자의 삶에서 믿음은 우리가 무엇을 선택하고, 어떻게 행동하며, 미래에 대해 어떻게 생각하는지를 형성합니다. 믿음은 우리가 알지 못하는 것에 대한 두려움을 극복하고, 우리가 이해할 수 없는 것을 받아들이게 하는 힘을 제공합니다. 그것은 우리에게 인내와 용기를 부여하고, 어려움 속에서도 희망을 찾도록 돕습니다.

믿음은 또한 우리가 다른 사람들과의 관계에서 얼마나 깊은 연결을 맺을 수 있는지를 결정합니다. 다른 사람을 믿고, 그들을 지원하며, 그들의 가치를 인정하는 것은 인간적인 연결의 기초입니다. 우리가 서로를 믿을 때, 우리는 더 강한 사회를 구축하고, 함께 더 큰 성취를 이룰 수 있습니다.

믿음은 우리의 삶을 꾸준히 유지하는 원동력입니다. 그것은 우리가 삶의 어려움을 극복하고, 우리의 꿈을 추구하며, 매일을 더 의미 있게 만들도록 이끕니다. 결국, 믿음은 우리가 세상을 바라보는 방식을 바꾸고, 우리 자신과 우리가 살아가는 세상에 긍정적인 영향을 미칩니다. 믿음은 보이지 않는 직물일지라도, 그것이 없으면 우리 삶의 패턴은 완성될 수 없습니다.

마가복음 7:27~28 예수께서 이르시되 자녀로 먼저 배불리 먹게 할찌니 자녀의 떡을 취하여 개들에게 던짐이 마땅치 아니하니라. 여자가 대답하여 이르되 주여 옳소이다마는 상 아래 개들도 아이들의 먹던 부스러기를 먹나이다

작품 제목: 부스러기 믿음_겸손과 희망의 대화

작품 설명: 이 작품은 예수님과 수로보니게 여인 사이에 나눈 대화의 깊은 의미를 시각적으로 표현합니다. 여인의 겸손하면서도 단호한 믿음을 강조하며, 예수님의 가르침과 자비를 표현하는 장면입니다. 여인은 존경과 희망을 담아 예수님께 간구하며, 예수님은 그녀의 믿음에 대한 확신을 주는 상징적인 모습으로 그려집니다.

이 작품은 믿음이 어떻게 겸손한 자세와 희망의 끈을 통해 구원을 얻을 수 있는지 보여줍니다.

믿음의 두 기둥

믿음은 인생에서 강력한 동기부여가 되는 요소 중 하나입니다. 믿음의 진정한 힘은 겸손과 확신이라는 두 기둥 위에 세워져 있습니다. 겸손은 우리가 세상과 자신에 대해 완벽하게 이해하고 있다는 오만한 생각을 배제하고, 항상 배우고자 하는 열린 마음을 갖게 합니다. 반면 확신은 우리가 선택한 길, 믿는 가치, 추구하는 목표에 대한 굳건한 믿음을 제공합니다.

겸손은 믿음이라는 나무가 자랄 수 있는 토양과 같습니다. 우리가 겸손할 때, 타인의 의견을 경청하고, 다양한 생각과 경험을 수용하는 능력이 생깁니다. 이는 곧 우리의 신념을 더욱 굳건히 하고, 우리가 지닌 믿음의 깊이를 더욱 깊게 만듭니다. 겸손은 우리가 우리 자신의 제한을 인정하고, 더 큰 힘-우리가 믿는 바, 우리의 가치, 신앙 혹은 영적인 믿음-에 의지하게 만듭니다.

확신은 믿음의 깃대와 같아서, 풍파 속에서도 우리가 올바른 방향으로 나아갈 수 있게 해줍니다. 겸손이 우리에게 가르침을 받아들일 준비를 하게 한다면, 확신은 그 가르침을 행동으로 옮기게 합니다. 이는 우리가 직면한 도전과 시련 속에서도 굴하지 않고 전진할 수 있는 힘을 부여합니다. 확신이 있을 때, 우리는 우리의 신념을 향한 의심이나 두려움을 물리칠 수 있습니다.

그러나 겸손과 확신은 균형을 이루어야 합니다. 무모한 확신은 오만으로 이어질 수 있으며, 겸손만이 지나치면 자기 회의로 치달을 수 있습니다. 이 두 가지가 조화를 이룰 때, 우리의 믿음은 가장 강력한 형태로 발휘됩니다.

마가복음 9:35 예수께서 앉으사 열두 제자를 불러서
이르시되 아무든지 첫째가 되고자 하면 뭇사람의 끝
이 되며 뭇사람을 섬기는 자가 되어야 하리라 하시고

작품 제목: 겸손의 정점

작품 설명: 이 그림은 왕관과 계단으로 상징되는 권력의 최고 자리와 겸손의 행위 사이의 대조를
강렬하게 표현합니다. 계단의 아래쪽에서, 왕이 되고 싶은 존재가 사람의 발을 씻어주
며, 참된 리더십과 헌신의 의미를 성찰합니다. 이 장면은 리더가 되고자 하는 사람이
겸손과 봉사의 자세를 가져야 한다는 오래된 지혜를 시각적으로 재해석한 것입니다.

겸손의 계단: 리더십으로 가는 진정한 길

리더십의 본질은 권력의 상징이 아니라 겸손한 봉사에 있습니다. 섬김은 겉보기에 권력 추구의 반대 개념처럼 보이지만, 사실 리더십의 중심을 이룹니다. 리더는 자신을 낮추고 타인의 필요에 귀 기울임으로써 큰 영향력을 발휘하며, 이 과정에서 공감과 이해, 인간적 연결을 통해 신뢰를 쌓습니다.

리더는 위치에 상관없이 겸손해야 하며, 자신의 자리를 다른 이들을 돕고 성장시키는 기회로 활용해야 합니다. 리더십은 지위나 권력을 상징하는 것이 아닌, 봉사, 겸손, 타인에 대한 진심 어린 배려에서 나옵니다. 진정한 리더십의 의미를 이해하고자 한다면, 리더는 자신의 내면을 성찰하고 모두를 위한 성장의 길을 제시해야 합니다.

진정한 리더십은 권력의 정점이 아니라 겸손의 서비스로 이끄는 계단을 오르는 행위입니다.

누가복음 7:24 너희가 무엇을 보려고 광야에 나갔더냐 바람에 흔들리는 갈대냐

작품 제목: 광야에 나간 이유

작품 설명: 이 그림은 강한 바람에 흔들리는 갈대밭 속에서, 다양한 사람들이 모여 이 장면을 바라보고 있습니다. 이들의 시선은 하늘을 가르며 나는 새들과 갈대의 움직임에 집중되어 있습니다. 예수님은 흔들리는 갈대밭을 바라보며 확신 없이 생각이 흔들리는 사람을 갈대로 비유하여 말씀을 깨닫게 하고 있습니다.

흔들리는 마음의 당신께 드리는 편지

갈대가 바람에 휘청거리듯, 당신의 마음이 결정에 이르기까지 흔들린다는 것을 잘 압니다. 그렇게 마음이 자주 바뀐다는 것은, 아직 당신이 참된 자신의 소리를 듣지 못했다는 신호일지도 모릅니다. 그러나 걱정하지 마세요. 갈대마저도 바람을 견디며 자라나듯, 흔들리는 것이 반드시 약함만을 의미하는 것은 아닙니다.

당신이 마음을 굳건히 하는 방법을 배워야 할 때입니다. 그리고 그것은 자신에 대한 깊은 이해에서 시작됩니다. 당신의 가치와 신념을 정립하고, 자신만의 기준을 세우세요. 이러한 자기 확신은 당신이 흔들리는 세상 속에서도 단단히 서 있게 해줄 것입니다.

또한, 모든 결정에 있어서, 당신의 내면에 귀 기울이세요. 타인의 의견과 상황의 변화에 너무 휘둘리지 말고, 자신의 마음이 무엇을 말하는지 듣도록 노력하세요. 신중함은 결코 서두름과 같지 않습니다. 그리고 기억하세요, 갈대가 바람에 흔들린다 해도 그 뿌리는 튼튼히 땅속에 박혀 있습니다. 당신의 뿌리, 즉 당신의 핵심 가치와 신념도 그러합니다.

당신이 여러 갈래의 길에서 방향을 잃지 않으려면, 내면의 목소리에 귀를 기울이고, 자신의 진실을 따라가세요. 때로는 멈추어 서서 내면의 목소리와 진실된 가치를 되새기며, 그것들이 당신의 결정을 이끌게 하세요. 이것이 바로 흔들리는 갈대가 아니라, 튼튼한 나무로 자라는 길입니다.

누가복음 7:38 예수의 뒤로 그 발 곁에 서서 울며 눈물로 그 발을 적시고 자기 머리털로 씻고 그 발에 입 맞추고 향유를 부으니

작품 제목: 눈물의 기도

작품 설명: 이 작품은 고대 이야기와 현대 기술의 접점에서 탄생한 디지털 아트입니다. 여기서, 성경 속 숭고한 장면이 0과 1의 이진 코드라는 디지털 매체를 통해 새로운 생명을 얻습니다. 이 작품은 눈물로 예수님의 발을 적시고, 자신의 머리털로 닦으며, 입 맞추고 향유를 바르는 여인의 심오한 행위를 상징적으로 묘사합니다.

작가는 미세하고 섬세한 이진 코드 패턴을 사용하여 각 행동의 복잡성과 감정을 세밀하게 표현했습니다. 이 작품은 전통적인 내러티브를 현대적 시각으로 재해석하며, 영성과 기술이 어우러진 새로운 예술 형식을 제시합니다.

소중한 것을 소중한 이에게

인생에서 진정으로 가치 있는 것은 무엇일까요? 우리가 소중히 여기는 것들에 우리의 시간과 정성을 바치고 있나요?

매일 우리는 선택의 연속에서 살아갑니다. 직장에서의 업무, 사회적 관계, 개인의 취미와 열정 사이에서 균형을 맞추려 애씁니다. 하지만 종종 우리가 정말로 가치 있게 여기는 것들이 무엇인지 잊어버리기 쉽습니다.

가족의 웃음, 친구와 나누는 깊은 대화, 사랑하는 이와 보내는 조용한 순간. 이러한 순간들이야말로 우리 삶을 진정으로 풍요롭게 하는 것들입니다. 이 소중한 순간들에 우리의 시간과 마음을 쏟아야 합니다.

현대사회는 우리로 하여금 끊임없이 무언가를 추구하게 만듭니다. 성공, 명성, 물질적인 풍요. 하지만 이 모든 것이 과연 우리 삶의 진정한 의미와 행복을 가져다줄 수 있을까요? 잠시 멈춰 서서, 우리의 진정한 행복이 무엇인지 되돌아볼 필요가 있습니다.

진정한 행복은 가까이에 있습니다. 우리가 사랑하는 사람들, 우리의 열정, 그리고 우리의 꿈. 이것들에 집중할 때 우리는 삶의 진정한 가치를 발견할 수 있습니다. 소중한 것을 소중한 이에게 바치며 살아가는 것, 그것이 바로 우리가 추구해야 할 삶의 방식입니다.

 그러므로 오늘, 우리는 자신에게 물어봐야 합니다. 우리는 정말 중요한 것들에 우리의 시간과 에너지를 투자하고 있나요? 사랑하는 이들에게 충분한 시간을 할애하고 있나요? 만약 그렇지 않다면, 지금이 변화를 시작할 때입니다.

68일 차

누가복음 8:11 이 비유는 이러하니라. 씨는 하나님의 말씀이요

작품 제목: 씨앗

작품 설명: 0과 1의 이진 코드로 형상화된 이 씨앗 그림은 하나님의 말씀이 현대사회에서도 생명력을 가지고 성장하고 있음을 상징합니다. 이 씨앗은 디지털 데이터의 바다에서 발아하여, 지식과 정보의 무한한 가능성으로 확장됩니다. 그림의 중앙에 위치한 씨앗은 색채의 홍수 속에서도 독특하고 중요한 존재로 묘사되며, 이는 하나님의 말씀이 모든 지식의 근원이며 인간의 영성과 지성에 생명을 불어넣는 원천임을 나타냅니다. 이 작품은 하나님의 말씀이 현대의 디지털 매체를 통해서도 사람들의 마음에 심어져 열매를 맺을 수 있음을 강조합니다.

씨앗, 희망의 시작

씨앗은 희망입니다.

세상은 변화무쌍하며, 때로는 그 변화가 우리를 압도하기도 합니다. 삶의 풍경은 예측할 수 없는 날씨처럼 변덕스럽기도 하지만, 그 속에서도 변하지 않는 것이 하나 있습니다. 바로 '씨앗'입니다. 씨앗은 작지만, 그 속에는 무한한 가능성이 담겨 있습니다. 이 작은 씨앗이 우리 삶에 주는 교훈은 어쩌면 우리가 가장 필요로 하는 것일지도 모릅니다.

살아가면서 우리는 수많은 도전과 실패를 맞닥뜨립니다. 어려움에 부딪힐 때마다, 우리는 종종 희망을 잃기 쉽습니다. 하지만 씨앗이 흙 속에서 싹을 틔우고 자라나 결국 꽃을 피우고 열매를 맺는 과정을 생각해보면, 우리도 이러한 과정을 통해 성장하고 발전할 수 있다는 것을 깨닫게 됩니다. 씨앗이 어둡고 답답한 흙 속에서도 빛을 향해 자라나듯, 우리도 어려움 속에서도 희망의 빛을 향해 나아갈 수 있습니다.

씨앗은 인내의 상징이기도 합니다. 씨앗이 싹을 틔우려면, 적절한 시간, 수분 그리고 온도가 필요합니다. 마찬가지로 우리의 꿈과 목표도 시간이 걸리며, 때로는 인내심을 가지고 기다려야 할 때가 있습니다. 씨앗이 서두르지 않고 자신의 시간을 기다리듯, 우리도 우리의 시간을 기다릴 줄 알아야 합니다. 성급함 없이, 차분히 자신의 꿈을 향해 나아가는 것, 그것이 진정한 성장의 비결입니다.

또한, 씨앗은 겸손의 교훈을 우리에게 줍니다. 씨앗은 자신이 얼마나 작은지, 혹은 주변 환경이 얼마나 열악한지에 상관없이 자라날 수 있는 힘을 가지고 있습니다. 이는 우리에게 자신의 처지에 구애받지 않고, 주어진 상황에서 최선을 다해야 한다는 것을 일깨워줍니다. 우리의 내면에도 이러한 씨앗이 있으며, 우리가 그것을 발견하고 소중히 여길 때, 비로소 우리는 진정한 의미에서의 성장을 이룰 수 있습니다.

마지막으로, 씨앗은 공동체의 중요성을 상기시킵니다. 씨앗 하나가 자라나 큰 나무가 되어 많은 생명에게 쉼터를 제공하고, 열매를 나누듯, 우리도 개인의 성장을 넘어 타인과의 연결, 공동체의 발전에 기여할 수 있습니다. 씨앗이 자라나 주변 환경에 긍정적인 영향을 미치듯, 우리 각자도 사회 안에서 긍정적인 변화의 씨앗이 될 수 있습니다.

씨앗은 작지만, 그 속에 담긴 생명력과 가능성은 무한합니다. 우리의 삶도 마찬가지입니다. 우리 각자가 가진 씨앗을 소중히 여기고, 그것이 싹트고 자라나 꽃을 피울 수 있도록 정성을 다해 가꾸어 나간다면, 우리는 어떤 어려움도 극복하고 희망의 꽃을 피울 수 있습니다. 씨앗은 희망입니다.

69일 차

누가복음 10:30~34 예수께서 대답하여 가라사대 어떤 사람이 예루살렘에서 여리고로 내려가다가 강도를 만나매 강도들이 그 옷을 벗기고 때려 거반 죽은 것을 버리고 갔더라 마침 한 제사장이 그 길로 내려가다가 그를 보고 피하여 지나가고 또 이와 같이 한 레위인도 그곳에 이르러 그를 보고 피하여 지나가되 어떤 사마리아인은 여행하는 중 거기 이르러 그를 보고 불쌍히 여겨 가까이 가서 기름과 포도주를 그 상처에 붓고 싸매고 자기 짐승에 태워 주막으로 데리고 가서 돌보아 주고

작품 제목: 착한 사마리아인

작품 설명: 이 그림은 강도 만난 여행자가 길가에 상처 입고 버려진 모습이며, 제사장과 레위인은 그를 무시하며 쳐다보기만 하고 있습니다. 반면에 착한 사마리아인은 앉아서 여행자의 상처를 돌보고 있으며, 그의 당나귀는 바로 옆에 서 있습니다.

이타심

"이타심이란 무엇일까요?" 이 질문에 대한 답을 찾기 위해, 우리는 착한 사마리아인의 이야기로 눈을 돌립니다. 그곳에서 우리는 사회적 편견과 종교적 경계를 넘어선 진정한 이타심의 의미를 발견합니다. 사마리아인은 필요한 이에게 손을 뻗쳐, 우리에게 진정한 이타심이란 무엇인지를 보여줍니다.

"누가 내 이웃인가요?" 제사장과 레위인이 그랬듯이, 우리 중 많은 이들도 이 질문 앞에서 멈칫할지 모릅니다. 그들은 길가의 부상자를 지나쳤습니다. 그들의 무관심은 어쩌면 우리 사회의 냉담한 단면을 드러내는 것일지도 모릅니다. 하지만 착한 사마리아인은 다릅니다. 그는 "이 사람이 내 이웃이다"라고 답하며, 조건 없는 도움의 손길을 내밉니다.

"왜 우리는 때때로 서로를 돕는 데 주저하죠?" 아마도 우리는 제사장과 레위인처럼, 자기중심적인 생각에 갇혀 있기 때문일 것입니다. 하지만 사마리아인의 행동에서 우리는 깨닫습니다. 이타심은 우리가 사회의 일원으로서 타인에게 베풀 수 있는 가장 귀중한 선물이라는 것을요.

"우리는 어떻게 이타심을 실천할 수 있을까요?" 우리 주변의 사람들에게 조금 더 관심을 기울이고, 필요한 이에게 도움의 손길을 내밀면 되지 않을까요? 때로는 작은 행동이 큰 변화를 가져올 수 있습니다. 우리 각자가 착한 사마리아인의 본을 따를 때, 우리는 더 따뜻하고 연결된 사회를 만들 수 있습니다.

　우리의 작은 행동 하나하나가 세상을 바꾸는 데 기여할 수 있습니다. 우리 모두가 이타심을 통해 서로를 이해하고 지지하는, 더 나은 세상을 만들어가요.

70일 차

요한복음 1:1 태초에 말씀이 계시니라

작품 제목: 창조의 소리_말씀의 나선

작품 설명: 이 감동적인 작품은 성경의 시작을 알리는 구절 "In the beginning was the Word" 를 우주의 창조와 연결 지어 시각화한 것입니다. 화려한 별들과 은하수의 배경 앞에 서 빛의 중심으로부터 나선형으로 퍼져나가는 말씀들은 창조의 순간과 말씀의 영원 한 존재를 상징합니다.

작품의 중심에는 빛나는 광원이 있으며, 이 빛에서 발산되는 문장들은 우주 공간을 가득 채우며, 마지막에 위치한 정확한 철자의 "In the beginning was the Word" 문장은 세상의 시작과 말씀의 빛이 세상을 형성하는 모습을 나타냅니다. 이 작품은 영적 깊이와 시각적 아름다움을 결합하여 창조의 순간과 말씀의 힘을 강조합니다.

우주의 음악: 태초의 말씀을 듣다

우리 각자의 삶 속에는 순간순간이 창조의 연속이며, 모든 시작에는 말씀이 있습니다. 우리는 광활한 우주의 소용돌이에서 혼돈을 질서의 세계로 만드는 '말씀'의 힘을 느낍니다.

말씀은 우주의 음악과 같습니다. 말씀은 우리의 무질서한 혼돈의 삶 속으로 들어와 우리를 질서의 삶으로 이끕니다. 말씀은 우리의 행동을 지휘하고, 우리의 마음을 울리며, 우리의 영혼을 춤추게 합니다. 음악과 같은 말씀에 마음과 생각이 반응하며 우리 각자가 어떻게 자신의 길을 찾아갈 수 있는지를 깨닫게 됩니다.

삶에서 맞닥뜨리는 소음 속에서도, 우리의 마음을 강하게 이끄는 목소리를 듣기 위해 귀를 기울여야 합니다. 우리가 일상에서 잊기 쉬운 것은, 우리의 삶이 얼마나 위대한 창조의 일부인지, 우리 각자가 얼마나 소중한 존재인지를 생각하지 못한다는 것입니다.

우리의 삶이 때때로 어렵고 복잡하게 느껴질 때, 우리는 각자의 존재가 태초의 말씀에서 비롯된 소중한 빛이며, 이 빛은 우리가 살아가는 모든 순간에 함께한다는 것을 기억해야 합니다. 우리는 모두 창조의 일부이며, 우리의 삶은 태초의 말씀에 의해 계속되는 무한한 우주의 음악입니다.

요한복음 5:39 너희가 성경에서 영생을 얻는 줄 생각
하고 성경을 상고하거니와 이 성경이 곧 내게 대하여
증거하는 것이로다

작품 제목: 영생을 향한 증언

작품 설명: 이 그림은 한 인물이 성경을 읽고 있는 모습과 그 주변으로 성경의 말씀들이 생생하
게 펼쳐지며 예수님을 가리키는 모습을 담고 있습니다. 강렬한 색상과 역동적인 브
러시 스트로크는 성경이 예수님에 대해 증거하는 것을 감정적으로 표현하며, 예수님
의 이미지는 이 모든 말씀들의 중심임을 나타냅니다. 이 그림은 성경을 통해 영생을
찾는 이들에게 예수님께서 그 길임을 밝히 보여주는 강력한 시각적 메타포입니다.

성경 속에서 영생을 찾는 이들에게

우리는 종종 진리를 찾아 헤매며, 답을 얻기 위해 수많은 책들을 뒤적입니다. 성경의 구절마다 숨겨진 의미를 탐구하고, 그 속에서 영생의 비밀을 찾으려 애씁니다.

'너희가 성경에서 영생을 얻는 줄 생각하고 성경을 상고하거니와 이 성경이 곧 내게 대하여 증거하는 것이로다.'

이 말씀은 하나님의 말씀이자, 예수 그리스도에 대한 살아 있는 증언입니다. 우리가 페이지를 넘길 때마다, 성경의 모든 단어와 문장은 예수님의 삶, 그분의 가르침, 그리고 그분의 희생을 통해 우리에게 영원한 삶의 길을 제시합니다.

우리가 성경을 읽을 때, 단순히 문자에만 집중해서는 안 됩니다. 우리는 그 단어들 너머로 그리스도의 삶을 반영하고, 그분의 가르침에 귀 기울여야 합니다. 진정한 영생은 성경의 문자 그대로의 이해를 넘어서 그 말씀이 가리키는 예수님을 통해서만 얻을 수 있습니다.

이것은 우리가 말씀을 통해 그리스도를 만나고, 그분과의 관계를 통해 변화를 경험하며, 그분의 사랑과 은혜 안에서 성장할 수 있음을 의미합니다. 말씀을 읽는 것은 단순한 독서 활동이 아닙니다. 그것은 영적인 깨달음의 과정이며, 그리스도와의 개인적인 만남입니다.

그러므로 성경을 상고할 때, 우리는 마음을 열고 그리스도의 증언에 귀 기울여야 합니다. 우리가 그분의 말씀을 묵상하고, 그분의 삶을 따르며, 그분의 사랑을 나눌 때, 우리는 진정한 영생의 의미를 깨닫게 됩니다. 우리의 신앙은 예수님에 대한 지식에서 시작하여 그분과의 깊은 관계로 성장해야 합니다.

이제 성경을 펼칠 때마다, 그 안의 말씀들이 살아 움직이며 예수님에 대해 증거하는 것을 기억합시다. 성경의 페이지마다 우리에게 영생의 길을 안내하는 예수님의 사랑과 지혜가 담겨 있습니다. 우리가 참된 영생을 얻기 위해서는 이 말씀들이 가리키는 분, 곧 우리의 구세주 예수 그리스도를 만나야 합니다.

72일 차

사도행전 8:31 대답하되 지도하는 사람이 없으니 어찌 깨달을 수 있느냐 하고 빌립을 청하여 병거에 올라 같이 앉으라 하니라

작품 제목: 지식으로의 초대

작품 설명: 이 화려한 그림은 에티오피아 여왕 간다게의 내시와 빌립 사이의 중요한 만남을 포착하고 있습니다. 수레에 타고 있는 에티오피아 내시는 화려한 의상을 입고 있는데, 이는 그의 고위급 지위를 나타냅니다. 그는 수레에 앉아 있으며, 자신의 옆에 앉아 있는 빌립과 대화를 나누고 있습니다. 빌립은 성경책을 들고 있으며, 내시에게 성경의 구절을 설명하고 있습니다. 내시는 그의 말에 귀 기울이며 질문하고 있습니다. 이는 성경 지식을 공유하려는 빌립의 열정과 내시가 지식을 얻고자 하는 갈망을 나타냅니다. 이 작품은 영적인 지도와 가르침의 순간을 강렬하고 색채가 풍부한 방식으로 표현하며, 두 인물 사이의 영적 교류와 이해의 확장을 시각적으로 나타내고 있습니다.

이해의 다리

우리 시대는 정보의 홍수 속에서 살아가고 있으나, 진정한 지식과 지혜의 근원에 접근하는 것은 여전히 도전적인 일입니다. 에티오피아 내시의 고백, "지도해 주는 사람이 없으니 어찌 깨달을 수 있느냐." 이 고대의 호소는 오늘날 우리에게 여전히 중요합니다. 내시의 당시 상황은 성경적 진리를 이해하려는 그의 갈망과 그 지식을 해석하고 적용하는 데 필요한 인도자의 부재를 반영합니다. 이는 현대인에게도 마찬가지로, 우리는 종종 방향을 잡기 위해 안내자를 필요로 합니다.

이 그림에서 빌립은 그러한 안내자의 역할을 하며, 그의 손짓과 표정은 영적 지도와 교육의 중요성을 상징합니다. 빌립은 내시에게 단순히 글자의 의미를 넘어서는 깊은 교훈을 전달합니다. 우리 시대에도 오늘날 우리가 직면한 복잡한 문제들에 대한 해답을 찾기 위해 우리 각자가 내면의 목소리를 듣고 삶의 교훈을 찾아야 합니다.

우리 각자는 자신의 이해를 확장하고, 성장하며, 변화할 용기를 가져야 합니다. 빌립의 지도는 내시가 그의 영적 수준에서 한 걸음 더 나아갈 수 있는 계기를 마련합니다. 이처럼, 우리 각자는 삶의 다양한 단계에서 지식과 지혜를 추구하며, 때로는 다른 이들의 도움을 받아 우리의 이해를 깊게 해나가야 합니다. 우리 모두 '이해의 다리'를 놓고, 지혜로 가득 찬 더 밝은 미래로 나아가길 바랍니다.

"지도해 주는 사람이 없으니 어찌 깨달을 수 있느냐."

사도행전 9:4 땅에 엎드러져 들으매 소리 있어
가라사대 사울아 사울아 네가 어찌하여 나를
핍박하느냐 하시거늘

작품 제목: 다마스쿠스로 가는 길_변환의 순간

작품 설명: 이 그림은 사울의 다마스쿠스 체험을 생생하게 묘사하고 있으며, 그의 인생에서 가장
중요한 순간 중 하나를 포착하고 있습니다. 이 장면은 사울이 후에 사도 바울로 변화
하는 결정적 순간을 강조합니다. 그림 속에서 사울은 강렬한 빛과 함께 천상의 목소리
가 그에게 왜 자신을 박해하는지 묻고 있습니다. 이 빛은 눈부시도록 밝아, 그림에서
가장 강렬한 부분으로, 사울의 삶에서 새로운 장을 열고 있음을 상징합니다.

그의 표정은 놀라움과 혼란, 그리고 갑작스러운 계시의 감정을 담고 있습니다. 사울의 변화는 단
순히 개인적인 변화를 넘어서, 신앙의 길을 따르는 모든 이에게 영적 깨달음의 가능성을 상기시
키는 순간입니다.

예상치 못한 구원자: 사울의 변화

때로 인생에서 가장 극적인 순간은 우리가 가장 큰 반대자로 생각했던 이로부터 오는 구원의 손길을 통해 찾아옵니다. 사울의 이야기는 그러한 순간의 완벽한 예입니다. 예수님을 핍박하던 그가 바로 예수님에 의해 구원받는 아이러니를 경험합니다. 이러한 변화의 순간은 그가 제대로 알지 못했던, 심지어 적대했던 분이 자신을 구원할 자였음을 깨달은 순간입니다.

사울은 다마스쿠스로 향하는 길에서, 신의 계시를 받습니다. 그 순간, 그의 삶은 영원히 변합니다. 이전의 삶은 허물어지고, 새로운 삶이 그 자리를 차지하죠. 예수님은 사울에게 눈을 뜰 수 있는 길을 열어주시고, 그가 이전에 볼 수 없었던 진리를 보게 하십니다. 사울의 이야기는 갑작스럽고 예기치 않은 변화에 대한 이야기이며, 우리 각자의 삶에서도 비슷한 변화의 순간들이 있습니다.

우리는 사울의 이야기를 통해, 우리의 생각이나 신념이 어떻게 잘못될 수 있는지, 그리고 그것을 깨닫는 순간 얼마나 겸손해질 수 있는지를 배웁니다. 이 이야기는 우리에게 용서, 자비, 변화의 능력에 대해 전하고 있습니다. 가장 강력한 적이 우리의 가장 위대한 구원자가 될 수 있음을, 사울의 이야기는 말해줍니다.

진정한 변화는 종종 가장 예상치 못한 순간에 찾아오며, 때로는 가장 예상치 못한 사람들에 의해 이끌립니다. 사울의 변화는 우리에게도 동일하게 적용됩니다. 우리가 어떤 상황에 처해 있든, 우리의 구원자는 이미 우리 곁에 있을 수 있습니다. 우리는 바라볼 수 있는 눈과 받아들일 수 있는 마음의 준비가 필요합니다.

로마서 2:13 하나님 앞에서는 율법을 듣는 자가 의인이 아니요, 오직 율법을 행하는 자라야 의롭다 하심을 얻으리니

작품 제목: 행위의 균형_율법의 진정한 이행

작품 설명: 이 작품은 '율법을 듣는 자와 행하는 자'의 대조를 통해 깊은 의미를 전달합니다. 왼쪽에는 벽에 기대어 앉아 있는 두 사람이 보입니다. 이들은 굶주림에 고통스러워하고 있습니다. 그들 앞에는 먹을 것을 풍부하게 가지고 있는 젊은 사람이 율법의 가르침을 듣기만 하고 그 정신을 실천으로 옮기지 않고 있습니다.

오른쪽에는 즐겁게 음식을 나누어 먹고 있는 세 사람이 있습니다. 이들은 따뜻한 미소와 활기찬 대화를 나누며, 나눔의 정신을 실천하는 율법의 교훈을 실천하고 있습니다. 음식을 나눔으로써, 이들은 물질적인 것을 넘어선 더 큰 가치를 추구하고 있음을 보여줍니다.

율법의 본질적인 목적이 개인의 변화와 사회적인 행동으로 이어져야 한다는 것을 강조합니다. 왼쪽 상단 배경에는 저울이 있는데, 율법을 듣기만 하는 자와 실천하는 자의 의의 값을 저울질하고 있습니다.

행동의 저울: 청취에서 실천으로의 전환

삶의 저울에 올려진 율법의 진정한 의미는 듣는 것과 행하는 것 사이의 균형에서 찾을 수 있습니다.

여러분은 들은 것을 얼마나 잘 행동으로 옮기고 있나요? 율법과 교훈을 듣는 것은 신앙의 시작점에 불과합니다. 진정한 의인이 되기 위해서는 그것을 실천으로 옮겨야 합니다. 실천은 나눔, 공감, 봉사와 같은 형태로 나타날 수 있으며, 이러한 행동은 우리 사회를 강화하고 변화시키는 힘이 됩니다.

우리의 삶에서 저울을 균형 있게 만드는 것은 쉽지 않은 일입니다. 매일의 분주함 속에서 우리는 종종 듣기만 하고 행동으로 옮기는 것을 잊곤 합니다. 우리가 들은 말씀을 행동으로 옮길 때, 우리는 우리 자신뿐만 아니라 주변 사람들의 삶에도 긍정적인 영향을 미칠 수 있습니다.

우리는 매일의 선택을 통해 저울의 한쪽을 무겁게 할 수 있습니다. 작은 친절, 봉사의 순간, 공감의 표현은 모두 신앙의 실천으로 이어질 수 있습니다. 이러한 행동은 우리의 신앙을 더욱 의미 있게 만듭니다.

우리 삶의 저울은 우리가 만들어가는 것입니다. 듣는 것과 행하는 것, 지식과 행동, 신앙과 실천 사이의 조화로운 균형을 찾는 것이 우리의 목표여야 합니다. 우리에게 신앙은 단순히 받아들이는 것이 아니라, 적극적으로 삶에 적용하는 것입니다. 그렇게 할 때 우리는 진정으로 의인이 될 수 있으며, 우리의 삶과 우리가 속한 사회는 번영할 것입니다.

말보다 실천하는 삶이야말로 진정 아름다운 삶이 아닐까요?

75일 차

로마서 13:10 사랑은 이웃에게 악을 행치 아니하나니 그러므로 사랑은 율법의 완성이니라

작품 제목: 사랑의 조각들_율법의 완성

작품 설명: 이 수채화 작품은 사랑이 모든 법의 근본이자 목적임을 시각적으로 표현합니다. 배경에는 고대 문자가 쓰인 문서가 있어 영원한 지혜와 교훈을 상징하며, 중앙에는 퍼즐 조각들이 맞춰져 큰 하트를 형성하는 모습이 보입니다.

작품의 퍼즐 조각들은 사람들의 형상으로 연결되어, 우리 모두가 서로 협력하고 이해하며 율법을 사랑으로 완성해간다는 메시지를 전달합니다. 물감의 풍부한 색채와 흐림은 감정과 영성의 깊이를 나타내며, 전체적으로 화합과 통합의 아름다움을 묘사하고 있습니다.

율법의 완성으로서의 사랑: 일상에서의 실천

우리 삶의 각 분야에는 법이 존재합니다. 교통법규부터 사회적 규범, 나아가 도덕적 지침에 이르기까지, 우리는 수많은 '율법' 아래 살아가죠. 그러나 이러한 율법들이 궁극적으로 지향하는 바는 무엇일까요?

사랑은 이기적 행위를 넘어서 타인의 이익을 최우선으로 여기는 행동에서 비롯됩니다. 예를 들어, 출근길에 누군가가 버스에서 자리를 양보하는 행위는 단순한 일상의 제스처를 넘어, 상대방에 대한 배려와 존중의 표현입니다. 이는 율법이 요구하는 사랑의 실천입니다.

또 지역사회에서 자원봉사를 하는 모습을 들 수 있습니다. 법이 강제하지 않는 영역에서도, 누군가는 노숙자를 위한 식사를 준비하고, 노인들의 이야기에 귀를 기울이며, 아이들에게 책을 읽어주는 등의 행동으로 사랑을 실천합니다. 이러한 봉사는 법의 글자를 넘어서 그 정신을 살아 숨 쉬게 합니다.

심지어, 우리가 직면했던 팬데믹과 같은 위기 속에서도, 이웃을 돌보는 작은 행동들이 사랑의 크나큰 힘을 발휘합니다. 마스크를 쓰고, 사회적 거리두기를 실천하며, 필요한 이에게 손을 내밀 때, 우리는 사랑을 통해 율법을 완성하는 것입니다. 이는 단순히 법규를 준수하는 것을 넘어서, 우리 사회를 더욱 건강하고 연대감이 넘치는 사회로 만드는 길입니다.

고린도전서 10:12 그런즉 선 줄로 생각하는 자는 넘어질까 조심하라

작품 제목: 넘어질까 조심하라

작품 설명: 이 풍경화는 한 남성이 바위로 된 위험한 절벽 끝에 서 있는 모습을 그렸습니다. 그의 자세는 자신감이 넘치지만, 불안정한 바위와 거친 바다는 주의 깊게 자신의 위치를 고려하라는 성경 구절의 메시지를 상징적으로 나타냅니다. 배경은 폭풍이 몰아치는 하늘과 험난한 물결로 이루어져 있어, 자만하지 말고 항상 조심하라는 교훈을 강조합니다.

삶의 절벽 위에 서 있을 때

우리는 삶의 절벽 위에 서 있는 것처럼 느껴지는 순간들이 있습니다. 확고한 바위 같은 자신감에 발을 디디며, 자신의 능력과 성취에 대해 자부심을 느낍니다. 그러나 이럴 때 기억해야 하는 말이 있습니다.
"그런즉 선 줄로 생각하는 자는 넘어질까 조심하라."

불확실성과 위험은 우리 삶의 일부입니다. 일상에서 느끼는 안정감은 때로 허상일 수 있습니다. 자만은 위험한 첫걸음이 될 수 있죠. 이러한 인식을 통해 우리는 현실을 직시하고 겸손의 태도를 유지할 수 있습니다.

진정한 강인함은 자신의 능력에 대해 겸손하며, 그 한계를 인정하고 도전하는 데서 비롯됩니다. 이러한 태도는 우리가 실패와 실수에서 배우고 성장하게 하며, 결국 더 단단해지게 합니다.

우리의 삶과 우리를 둘러싼 세상은 예측할 수 없는 변화를 지니고 있습니다. 성공과 성취에 대한 자부심은 중요하지만, 그것이 우리를 맹목적으로 만들어서는 안 됩니다. 겸손은 우리에게 진정한 자신감을 부여하며, 이는 우리가 타인과의 관계에서 진정한 이해와 공감을 가능하게 합니다.

이처럼, 삶의 절벽 위에 서 있을 때 우리는 자만이 아니라 겸손의 중요성을 깨달아야 합니다. 이러한 자세는 우리를 더 강하게 만들 뿐만 아니라, 우리의 인간관계를 개선하고, 삶의 질을 향상시키는 데에도 기여합니다. 따라서, 우리는 자만하지 않고 항상 주변을 잘 살피며, 겸손의 가치를 실천하는 삶을 추구해야 합니다. 우리 삶의 절벽에서, 겸손은 우리를 지탱하는 가장 강력한 뿌리 중 하나입니다.

고린도전서 14:20 형제들아 지혜에는 아이가 되지 말고, 악에는 어린아이가 되라. 지혜에 장성한 사람이 되라

작품 제목: 순수함과 지혜_이중의 경로

작품 설명: 이 작품은 두 개의 대조되는 장면으로 나뉩니다. 한쪽은 악을 상징하는 어둡고 혼돈스러운 배경 앞에 순수하고 무고한 어린아이를 묘사하여 악에 대한 순진한 무지와 멀리함을 나타냅니다. 아이의 표정과 자세는 순수함과 보호받아야 할 존재임을 나타내며, 이는 악에 대한 어린아이 같은 태도를 상징합니다.

반대편은 지혜를 상징하는 밝고 조직적인 색상의 배경에 성숙하고 사려 깊은 성인을 묘사합니다. 성인의 표정과 자세는 깊은 사고와 이해를 나타내며, 이는 지혜에 장성한 사람으로서의 성숙함을 나타냅니다.

성숙한 지혜로 걸어가는 길

우리는 종종 삶의 복잡성에 압도되어 어린아이처럼 단순한 해답을 찾곤 합니다. 그러나 진정한 지혜란 단순함 속에서도 깊이를 발견하는 능력에 있습니다. 성숙함은 세상을 바라보는 통찰력에서 비롯되며, 그 통찰력은 우리가 어린아이와 같은 순수한 마음을 유지하면서도 성찰과 학습을 통해 얻게 됩니다.

악이라 불리는 것들 앞에서 우리는 순수하고 무지한 어린아이가 되어서는 안 됩니다. 오히려 그것을 인식하고 멀리해야 합니다. 우리의 선한 본능과 도덕적 가치는, 어두움 속에서도 우리를 올바른 길로 인도하는 빛과 같습니다.

성숙한 지혜란, 세상을 이해하고, 사람을 이해하며, 이 모든 것이 상호 연결되어 있음을 인정하는 것에서 시작합니다. 그리하여 우리는 삶의 모든 순간에 있어 진정한 의미와 가치를 찾을 수 있습니다. 오늘날의 삶을 살아가는 우리에게 필요한 것은 순수함과 통찰력을 동시에 갖춘, 지혜에 있어서 성숙한 사람이 되는 것입니다. 이를 통해 우리는 세상에 더 큰 영향력을 발휘하고, 자신과 타인에게 긍정적 변화를 가져올 수 있습니다.

고린도후서 3:14 그러나 저희 마음이 완고하여 오늘까지라도 구약을 읽을 때에 그 수건이 오히려 벗어지지 아니하고 있으니 그 수건은 그리스도 안에서 없어질 것이라

작품 제목: 그리스도에서 드러나는 진리

작품 설명: 이 작품의 중심에는 구약을 읽는 인물이 있으며, 그의 얼굴에는 이해의 부족을 상징하는 수건이 덮여 있습니다. 이 수건은 영적인 맹목성과 진리에 대한 무지를 나타냅니다.

그러나 그림의 한쪽에는 그리스도의 존재가 빛나는 광채로 나타나 있으며, 이 빛은 수건을 드러내고, 진리를 밝히는 상징입니다. 이 빛은 영적인 각성과 계시를 나타내며, 수건의 제거는 명확한 이해와 진정한 이해를 의미합니다.

이 작품은 말씀을 통해 그리스도를 만나고, 그를 통해 진리를 발견하는 영적 상황을 시각적으로 묘사합니다. 이는 그리스도 안에서만 참된 이해와 계시가 가능함을 강조합니다.

고정관념 너머의 진리

우리는 모두 세상을 바라보는 특정한 렌즈를 가지고 있습니다. 우리의 경험, 문화, 교육은 우리가 세상을 해석하는 방식에 큰 영향을 미칩니다. 때로는 이러한 인식의 프레임이 우리의 이해를 제한하고, 새로운 관점을 받아들이는 것을 어렵게 만들 수 있습니다. 그래서 고정관념의 탈피와 새로운 이해의 필요성이 더욱 중요합니다.

우리는 종종 '수건'을 쓰고 살죠. 이 '수건'은 우리가 세상을 바라보는 고정된 방식, 우리가 믿어온 사고의 패턴을 의미합니다. 때로는 이 '수건'이 우리의 시야를 가리고, 다른 관점이나 새로운 진리를 보는 것을 방해합니다. 그러나 진정한 이해와 성장은 고정된 사고방식을 넘어서야만 가능합니다.

예를 들어, 우리는 직장에서 특정한 방식으로만 문제를 해결하려 할 수 있습니다. 하지만 때로는 완전히 새로운 접근 방식이 필요할 수 있습니다. 혹은 우리는 다른 문화나 배경을 가진 사람들과의 교류에서, 우리의 고정된 생각이 우리의 이해를 제한하고 있는지 자문해볼 필요가 있습니다.

이 '수건'을 벗어던지고 새로운 관점으로 세상을 바라보는 것은 용기가 필요한 일입니다. 우리의 기존 생각과 믿음을 도전하는 것은 불편할 수 있지만, 이것은 또한 우리에게 새로운 가능성과 기회를 열어줍니다. 새로운 이해와 관점은 우리의 삶을 풍요롭게 하고, 우리가 더 넓은 세계와 연결될 수 있게 합니다.

따라서 우리는 항상 열린 마음을 가지고, 새로운 관점을 받아들이려는 노력을 해야 합니다. 우리의 '수건'을 벗어던지고, 새로운 진리와 가능성을 탐색함으로써, 우리는 더 풍부하고 의미 있는 삶을 살 수 있습니다. 우리의 삶은 고정된 관념을 넘어서는 도전이며, 이 도전을 통해 우리는 더 넓은 세상을 경험하고 진정한 자기 자신을 발견할 수 있습니다.

79일 차

갈라디아서 5:16 내가 이르노니 너희는 성령을 좇아 행하라. 그리하면 육체의 욕심을 이루지 아니하리라

작품 제목: 성령의 길_육체의 욕심을 넘어서

작품 설명: 이 작품의 중심에는 성령을 따라 걷고 있는 인물이 있습니다. 이 인물은 영적인 길을 따르는 결단과 평온함을 나타냅니다.

인물 주변에는 다양한 유혹과 욕심을 상징하는 매혹적인 물체나 상징물들이 표현되어 있습니다. 이러한 유혹들은 세상적인 욕망과 유혹을 나타내며, 인물과 대조적으로 그려져 있습니다. 인물 주변에 펼쳐진 이 유혹들은 육체의 욕심을 상징하며, 인물이 이를 극복하고 전진하는 모습을 강조합니다.

성령의 빛이 인물을 비추고 있으며, 이 빛은 영적인 길을 따르는 힘과 결심을 상징합니다.

성령의 인도를 따라

신앙의 길을 걷는 우리에게 성령을 따라 행한다는 것은 무엇을 의미할까요?

우리가 성령의 인도를 따를 때, 우리는 육체적 욕망과 세상의 유혹에 대항할 수 있는 힘을 얻습니다. 성령의 인도는 우리의 마음과 생각을 변화시키고, 우리가 하나님의 뜻에 더 가까워지게 합니다. 이것은 단순한 외적 행위를 넘어서 내면의 변화를 의미하죠. 우리는 성령의 과일, 즉 사랑, 기쁨, 평화, 인내, 친절, 선함, 충성, 온유, 절제와 같은 특성을 키워나가야 합니다.

이러한 변화는 쉽지 않습니다. 우리 주변에는 매일 매혹적인 유혹과 시험이 존재합니다. 물질적인 욕망, 세상적인 명예, 쾌락의 유혹은 우리의 영적 삶에 장애물이 될 수 있습니다. 하지만 성령의 인도를 따르는 것은 이러한 유혹을 넘어서는 것을 의미합니다. 우리는 매일매일의 선택에서 성령의 음성에 귀 기울이고, 그분의 인도를 따라야 합니다.

성령을 따라 행한다는 것은 또한 우리가 세상 속에서 빛과 소금의 역할을 하도록 요구합니다. 우리는 주변 사람들에게 긍정적인 영향을 미치고, 하나님의 사랑을 실천함으로써 하나님의 나라를 확장하는 데 기여할 수 있습니다. 성령의 인도를 따르는 것은 우리의 삶을 통해 하나님의 뜻이 이루어지도록 하는 것입니다.

마지막으로, 성령의 인도를 따른다는 것은 우리의 신앙이 성숙해지고 깊어진다는 것을 의미합니다. 우리는 경험을 통해 배우고, 실패와 도전을 통해 성장합니다. 성령은 우리를 인도하시며, 우리의 신앙에서 필요한 지혜와 힘을 제공해줍니다. 우리가 성령을 따라 행할 때, 우리는 진정한 신앙의 길을 걸을 수 있습니다.

갈라디아서 5:22~23 오직 성령의 열매는 사랑과
희락과 화평과 오래 참음과 자비와 양선과 충성과
온유와 절제니 이 같은 것을 금지할 법이 없느니라

작품 제목: 천상의 은총_영적 풍요의 상징

작품 설명: 이 독특하고 아름다운 그림 속에는 '성령의 열매'를 상징하는 신비로운 과일 하나가
표현되어 있습니다. 이 과일은 사랑, 희락, 화평, 오래 참음, 자비, 양선, 충성, 온유, 절
제와 같은 성령의 열매의 특성을 내포하고 있습니다.

이 작품은 영적인 성장과 발전을 추구하는 이들에게 희망과 영감을 주는 시각적 메타포입니다.
그것은 우리 모두가 추구해야 할 높은 도덕적, 영적 가치를 상징하며, 성령의 열매가 우리 각자의
삶 속에서 실현될 때 가져올 수 있는 변화와 선한 영향력을 상기시킵니다.

성령의 열매와 인생의 행복

인생의 진정한 행복을 찾는 과정에서 우리는 종종 물질적 성취나 사회적 인정에 눈을 돌립니다. 그러나 이러한 성공이 우리에게 잠시의 만족을 줄 수는 있지만, 진정한 행복의 근원은 다른 곳에 있습니다. 바로 '성령의 열매'에서 찾을 수 있는, 내면의 평화와 조화로움입니다.

갈라디아서에서 언급된 사랑, 희락, 화평 같은 성령의 열매는 우리 삶의 근본적인 길잡이가 됩니다. 이 덕목들은 외부 상황의 변화에 흔들리지 않는, 내면에서 우러나오는 행복을 이야기합니다. 진정한 사랑은 타인의 복지를 우선시하는 자기희생적인 애정에서 비롯되며, 이는 우리 자신뿐만 아니라 타인에게도 큰 기쁨을 가져다줍니다.

행복은 내면의 평화에서 시작되며, 이는 성령의 열매를 통해 잘 나타납니다. 우리가 직면하는 도전과 시련 속에서도 오래 참음과 자비를 발휘할 때, 우리는 스스로의 강인함을 발견하게 됩니다. 이러한 강인함은 우리가 삶의 어려움을 극복하고, 더 밝은 미래를 향해 나아가는 데 필요한 힘을 제공합니다.

성령의 열매를 실천함으로써 우리는 자신과 타인에 대한 이해와 존중을 깊게 하며, 이는 사회 속에서의 조화롭고 평화로운 삶으로 이어집니다. 우리의 매일매일의 선택과 행동이 이 덕목들을 반영할 때, 우리는 자신뿐만 아니라 주변 사람들의 삶에도 긍정적인 변화를 가져올 수 있습니다.

결국, 성령의 열매는 우리 삶에서 진정한 행복을 찾는 열쇠입니다. 외부의 성공과 인정이 아닌, 내면의 평화와 조화를 추구함으로써 우리는 더욱 충족되고 의미 있는 삶을 살 수 있습니다. 성령의 열매를 통해 우리는 인생에서 진정으로 중요한 것이 무엇인지를 발견하고, 이를 바탕으로 행복한 삶을 구축해나갈 수 있습니다.

81일 차

갈라디아서 5:24 그리스도 예수의 사람들은 육체와 함께 그 정과 욕심을 십자가에 못 박았느니라

작품 제목: 변화의 십자가_육체에서 영혼으로

작품 설명: 이 그림은 한 장면에 두 가지 대조적인 요소가 묘사되어 있습니다. 그림 속에서 십자가에 못 박힌 모습은 인간의 육체적 욕망과 자아의 중심적인 부분을 상징하며, 이는 종종 삶의 부담과 고통의 원인이 됩니다. 반면, 예수의 마음으로 살아가는 사람의 모습은 평화와 사랑이 가득한 표정으로, 영적으로 변화된 삶의 모습을 보여줍니다. 이 인물은 세상의 유혹을 극복하고, 자신의 삶을 더 높은 이상과 목적을 위해 바친 모습으로 표현되어 있습니다.

십자가 너머의 선택

인생은 때때로 우리를 육체적 욕망과 탐심의 십자가 앞에 데려다 놓습니다. 우리 각자는 그 앞에서 선택을 해야 합니다. 우리는 이 욕망들을 붙잡을 것인가, 아니면 십자가에 못 박고 예수님의 마음으로 새로운 길을 걸을 것인가?

우리가 육체의 욕망과 탐심에 매달릴 때, 우리는 종종 삶의 진정한 의미와 목적을 잃어버립니다. 우리는 잠시의 쾌락과 만족을 추구하지만, 결국 공허함과 불만족만을 남깁니다. 이러한 욕망은 우리의 정신을 어둡게 하고, 우리를 진정한 자아로부터 멀어지게 만들죠.

그러나 우리가 이러한 욕망을 십자가에 못 박을 때, 우리는 새로운 자유와 평화를 경험합니다. 이것은 단순히 욕망을 포기하는 것이 아니라, 더 높은 이상과 목적을 향한 몸부림의 시작입니다. 예수님의 마음으로 걷는다는 것은 사랑, 인내, 자비 그리고 진정한 영적 만족을 추구하는 것을 의미합니다.

이러한 삶은 쉽지 않습니다. 그것은 자기 자신에 대한 깊은 이해와 끊임없는 노력을 필요로 합니다. 하지만 이런 노력을 통해 우리는 더욱 풍요롭고 의미 있는 삶을 살 수 있습니다. 우리는 타인과의 관계에서 더 깊은 연결과 사랑을 경험할 수 있으며, 우리 삶의 모든 순간에서 진정한 기쁨과 만족을 찾을 수 있습니다.

우리의 삶은 우리가 하는 선택에 의해 형성됩니다. 우리는 육체적 욕망과 탐심을 계속 추구할 것인가, 아니면 그것들을 십자가에 못 박고 예수님의 마음으로 살아갈 것인가? 이 선택은 우리 각자에게 달려 있으며, 우리의 삶을 변화시킬 수 있는 힘을 가지고 있습니다.

에베소서 5:16 세월을 아끼라, 때가 악하니라

작품 제목: 시간의 수호

작품 설명: 이 강렬한 작품 중심에는 시계 모양의 사과가 있으며, 이는 세월과 시간의 상징입니다. 사과를 갉아 먹는 거대한 벌레는 시간의 소모와 낭비를 나타내며, 이는 인간의 삶에서 소중한 순간들이 어떻게 무의미하게 흘러갈 수 있는지를 상징합니다.

이 장면의 핵심은 성령의 검을 든 인물입니다. 이 인물은 벌레를 잡으려는 행동으로 시간을 지키려는 결연한 의지를 표현하고 있습니다. 성령의 검은 영적 힘과 깨달음의 상징으로, 이는 우리가 자신의 삶을 어떻게 인도하고, 시간을 어떻게 가치 있게 사용할지를 의미합니다.

잃어버린 시간을 찾아서

우리는 종종 시간의 소중함을 잊고 살아갑니다. 바쁘게 돌아가는 일상 속에서 시간은 물처럼 손가락 사이로 흘러갑니다.

우리 삶에서 시간은 단순히 연속되는 순간들의 나열이 아닙니다. 시간은 우리가 만들어가는 의미, 우리가 이루고자 하는 꿈, 우리가 나누는 사랑과 관계의 질을 결정합니다. 그러나 우리 중 많은 사람들이 이러한 사실을 간과하며, 시간을 하루하루 무의미하게 소비합니다.

시간을 아끼는 것은 단순히 효율적으로 일을 처리하는 것을 넘어섭니다. 그것은 우리의 삶을 진정으로 가치 있게 만드는 것입니다. 하루하루를 살아가면서, 여러분은 각 순간을 어떻게 보내고 있나요?

성령의 검처럼 우리는 시간의 벌레, 즉 우리의 시간을 갉아먹는 모든 부정적인 영향으로부터 시간을 지켜야 합니다. 이는 우리가 시간을 어떻게 사용하는지에 대한 의식적인 결정을 내리고, 우리의 삶에서 정말로 중요한 것에 초점을 맞추는 것을 의미합니다.

우리는 우리가 가진 시간을 사랑과 관계, 성취와 성장에 투자할 수 있습니다. 우리는 매 순간을 마치 그것이 마지막인 것처럼 소중히 여기며 살아야 합니다. 시간을 아끼는 것은 우리 삶의 질을 향상시키는 것이며, 우리가 진정으로 살아 있음을 느끼게 합니다.

시간은 우리가 가진 가장 귀중한 자산입니다. 그것을 지키고, 가치 있게 사용해보세요. 그렇게 할 때, 우리는 우리 삶의 모든 순간에서 진정한 의미와 행복을 발견할 수 있을 것입니다.

빌립보서 2:3 아무 일에든지 다툼이나 허영으로 하지 말고 오직 겸손한 마음으로 각각 자기보다 남을 낮게 여기고

작품 제목: 겸손의 빛

작품 설명: 이 작품은 사람들이 서로 돕고, 지지하며, 타인을 존중하는 장면을 감동적으로 묘사하고 있습니다. 이들 각각은 겸손과 이타심의 자세를 갖추고 있으며, 이러한 태도는 그들의 표정과 몸짓에서 세심하게 드러납니다.

작가는 강렬한 색상과 역동적인 브러시 스트로크를 사용하여, 인간관계에서의 겸손과 이타심이 가져오는 긍정적인 에너지와 조화를 강조합니다.

겸손의 길

우리는 경쟁이 치열한 세상에서 살아가고 있습니다. 모든 것이 성공과 성취, 더 높은 위치를 향한 달리기로 보입니다.

경쟁은 우리를 강하게 만들고, 우리의 능력을 키울 수 있습니다. 하지만 때로는 우리를 고립시키고, 우리가 누구인지 잊게 만들기도 하죠. 우리는 다른 사람을 이기기 위해, 혹은 더 높은 지위에 오르기 위해 무엇이든 할 준비가 되어 있습니다. 그러나 이런 생각은 우리를 더 행복하게 만들지 않습니다. 오히려 더 많은 불안과 스트레스를 받게 됩니다.

겸손은 이러한 경쟁적 환경에서 우리에게 평화를 가져다줄 수 있습니다. 타인을 자신보다 우위에 두고, 그들의 성공을 기뻐하며, 그들의 필요에 귀를 기울이는 것은 우리가 진정으로 필요로 하는 연결감과 연대 의식을 가져다줍니다. 우리는 서로를 경쟁 상대로만 보지 않고, 함께 성장할 수 있는 파트너로 볼 수 있는 자세가 필요합니다.

이러한 삶의 태도는 우리가 일과 인간관계에서 더 큰 만족을 느끼게 해줍니다. 우리는 자신의 성공을 넘어서 타인의 성공을 기뻐하게 되고, 이는 우리의 삶을 더 풍부하고 의미 있게 만듭니다. 겸손은 우리가 더 큰 목적을 위해 함께 일할 수 있도록 해줍니다.

경쟁은 우리 삶의 일부일 수 있지만, 우리의 삶을 지배해서는 안 됩니다. 우리는 서로를 지원하고, 서로의 성공을 기뻐하며, 서로를 존중하는 삶을 선택할 수 있습니다. 이것이 바로 겸손이 우리에게 주는 교훈이 아닐까요?

84일 차

빌립보서 4:13 내게 능력 주시는 자 안에서 내가 모든 것을 할 수 있느니라

작품 제목: 신앙의 힘

작품 설명: 이 작품의 중심에는 큰 도전을 극복하거나 높은 목표를 향해 노력하는 인물이 있습니다. 이 인물은 결단력과 강인함을 가진 채로 그려져 있으며, 이는 신앙을 통해 얻은 힘과 자신감을 나타냅니다.

인물 주변으로는 역동적으로 휘몰아치는 다채로운 색상들이 있습니다. 이 색상들은 신앙에서 오는 신적 에너지와 힘을 상징하며, 인물이 직면한 도전과 장애물을 극복하는 데 필요한 영적 힘을 나타냅니다. 강렬한 색상과 브러시 스트로크는 감정의 깊이와 회복력, 그리고 성경 구절이 담고 있는 능력과 가능성의 정신을 전달합니다.

힘의 근원

우리가 삶의 길을 걸으며 때때로 느끼는 피로와 고난, 그 무거운 짐을 어떻게 이겨낼 수 있을까요?

우리는 우리의 삶을 이야기로 풀어내야 합니다. 각각의 삶은 하나의 이야기이며, 그 안에서 우리는 자신만의 영웅이 됩니다. 우리 각자의 이야기 속에서, 우리는 때때로 자신의 약함과 두려움, 그리고 의심과 마주하게 되죠.

우리의 신앙은 우리가 살아가는 방식에 영향을 미칩니다. 우리가 믿음으로 살아갈 때, 우리는 더 큰 목적을 위해 자신의 한계를 뛰어넘을 수 있습니다. 믿음은 우리의 두려움을 이겨내고, 불가능해 보이는 것들을 가능하게 만듭니다.

우리가 우리의 한계를 넘어서는 것이 가능합니다. 우리가 겪는 모든 것을 통해, 우리는 더 강해지고, 더 지혜로워지며, 더 깊은 이해를 얻게 됩니다.

내게 능력 주시는 자 안에서 내가 모든 것을 할 수 있느니라.

골로새서 2:2 이는 저희로 마음에 위안을 받고 사랑 안에서 연합하여 원만한 이해의 모든 부요에 이르러 하나님의 비밀인 그리스도를 깨닫게 하려 함이라

작품 제목: 하나님의 비밀

작품 설명: 이 그림은 빛의 세계에 위치한 하트 모양의 비밀 상자 안에 예수님의 모습이 담겨 있는 이미지입니다. 상자는 화려하고 초월적인 분위기로 빛나며, 그 안에 있는 예수님의 모습은 평화롭고 위엄 있어 신적인 비밀의 계시와 그 중요성을 나타냅니다.

그리스도를 아는 것, 하나님의 비밀

우리가 삶 속에서 끊임없이 추구하는 지식과 이해의 도전은, 종교적 신념에 따르면, 궁극적으로 하나님의 비밀을 깨닫는 것으로 귀결됩니다. 종교적으로 이 비밀은 그리스도를 아는 것에 담겨 있습니다. 골로새서에서 언급된 바와 같이, 그리스도를 알게 되는 것은 단순한 지식의 습득을 넘어선, 영적인 깨달음과 깊은 이해의 과정을 의미합니다.

그리스도를 알게 되는 것은, 우리의 삶에 적용될 때 그 진정한 가치가 드러납니다. 이는 우리가 겪는 고난, 기쁨, 사랑 그리고 우정에 대한 깊은 이해와 연결되죠. 그리스도의 삶과 가르침은 우리에게 어떻게 사랑해야 하는지, 어떻게 용서해야 하는지, 그리고 어떻게 고난을 견뎌내야 하는지를 가르칩니다. 이러한 가르침은 단순히 종교적 텍스트에 국한된 것이 아니라, 우리 각자의 일상에 깊숙이 스며들어 우리의 행동과 생각에 영향을 미칩니다.

하나님의 비밀을 깨달음으로써 우리는 삶의 더 깊은 의미와 목적을 찾을 수 있습니다. 이 비밀은 우리가 세상을 바라보는 방식을 변화시키고, 다른 사람들과의 관계를 더 깊고 의미 있는 수준으로 발전시킬 수 있는 힘을 제공합니다. 그리스도의 가르침을 통해 우리는 자신의 삶을 넘어서 타인의 삶에 긍정적인 영향을 미치는 방법을 배울 수 있습니다.

하나님의 비밀을 통해 그리스도를 아는 것은 단순한 지적 호기심을 충족시키는 것이 아니라, 우리의 삶을 변화시키는 근본적인 과정입니다. 이는 우리가 세상을 이해하고, 다른 사람들과 상호작용하는 방식을 변화시키며, 우리 자신의 내면을 더 깊게 탐구하는 데 도움을 줍니다. 이러한 깨달음은 우리에게 삶의 근본적인 질문에 대한 답을 찾는 데 필수적인 열쇠가 되며, 우리의 영적 생활을 풍성하게 만듭니다.

디모데전서 6:10 돈을 사랑함이 일만 악의 뿌리가
되나니 이것을 사모하는 자들이 미혹을 받아 믿음에서
떠나 많은 근심으로써 자기를 찔렀도다.

작품 제목: 악의 뿌리

작품 설명: 돈으로 이루어진 거대한 나무는 재물에 대한 사랑이 어떻게 모든 종류의 악의 근원이
될 수 있는지를 상징합니다. 나무의 뿌리와 가지는 돈을 탐내며 믿음을 잃고 근심에
찔린 사람을 옭아매고 있습니다. 그의 모습은 미혹과 근심의 결과로 고통받는 인간의
모습을 담고 있어, 영적인 메시지와 함께 경각심을 불러일으킵니다. 이 작품은 우리에
게 물질적인 탐욕이 영혼을 어떻게 얽매고 상처 입힐 수 있는지를 상기시키며, 진정
한 가치에 대한 성찰을 촉구합니다.

물질만능주의의 그늘

우리 시대는 물질만능주의가 팽배한 시대입니다. 우리는 경제적 성공을 인생의 최고 목표로 삼고, 재물의 축적을 개인의 가치 판단 기준으로 삼는 경향이 있습니다. 그러나 이러한 태도는 영혼을 소모시키고, 인간관계를 해치며, 궁극적으로는 우리 자신을 근심의 늪으로 몰아넣습니다.

현대사회에서 살아가는 우리에게 필요한 것은 물질적 성공이 아닌, 영적 풍요입니다. 영혼의 풍요는 우리의 내면을 충만하게 하고, 진정한 행복을 가져다줍니다. 물질적인 것들이 우리 삶의 일부분일 뿐, 우리 존재의 전부는 아니라는 것을 인식해야 합니다. 우리의 관계, 우리의 열정, 우리의 봉사와 같은 비물질적 가치들이야말로 진정한 행복과 만족의 근원입니다.

우리는 물질적 성공을 추구하는 것을 넘어서, 인간적이고 영적인 삶의 가치를 추구해야 합니다. 재물은 우리 삶을 풍요롭게 할 수 있지만, 그것이 우리의 삶을 지배해서는 안 됩니다. 진정한 성공은 물질적 풍요 속에서도 영적 가치를 잃지 않는 것에 있습니다. 우리는 물질에 얽매이지 않고, 사랑과 공감, 자비로운 마음으로 살아감으로써, 물질만능주의가 아닌 영혼의 만족을 추구하는 삶을 살아야 합니다.

디모데후서 1:7 하나님이 우리에게 주신 것은 두려워
하는 마음이 아니요 오직 능력과 사랑과 근신하는
마음이니

작품 제목: 하나님이 우리에게 주신 것_사랑과 근신

작품 설명: 이 작품은 디지털 시대에도 변함없이 유지되어야 하는 영적 가치들을 시각적으로 표
현합니다. 이진 코드로 이루어진 화려한 모자이크는 하나님이 우리에게 부여한 내적
힘을 나타내며, 중앙의 하트 모양과 손은 사랑과 자제력의 중요성을 강조합니다. 이
그림은 기술이 전방위적으로 삶을 휘감는 현대에 있어서도, 우리가 진정으로 소중히
여겨야 할 것들은 변하지 않는다는 메시지를 전합니다.

AI 시대의 사랑과 근신

우리는 기술의 발전이 가져다주는 빛과 그림자 속에서 살아가고 있습니다. 오늘날의 AI 시대에 우리는 세 가지 원칙-능력, 사랑, 근신-을 우리 삶의 핵심으로 삼아야 합니다.

"너는 능력이 뭐라고 생각해?"

"능력은 단순히 기술을 의미하지 않아. 능력은 우리 내부에 있는, 올바른 결정을 내리고 행동으로 옮기는 힘이지. 하나님이 우리에게 주신 그 능력으로 우리는 어떤 장애물도 극복할 수 있어."

"그렇다면 사랑은 어떻게 AI 세계에서 표현되어야 할까?"

"사랑은 우리의 연결을 통해 나타나. 우리가 서로를 도울 때, 정보를 공유하고, 소통할 때, 그것이 바로 사랑의 진정한 표현이라고 생각해. 사랑은 우리가 기술을 통해 더 넓은 세계에 전달할 수 있는 가장 강력한 메시지지."

"근신은?"

"근신은 자제를 의미해. 우리가 받은 정보와 기술을 어떻게 사용할지를 신중히 고려하는 거야. 데이터와 기기에 휘둘리지 않고, 우리의 가치와 목적에 충실하게 기술을 사용하는 것이지."

오늘날의 AI 세계에서 두려워하는 마음을 버리고, 하나님이 우리에게 주신 이 세 가지 선물을 통해 우리의 삶을 풍요롭게 만들어가야 합니다.

디모데후서 3:16 모든 성경은 하나님의 감동으로 된
것으로 교훈과 책망과 바르게 함과 의로 교육하기에
유익하니

작품 제목: 신적 영감의 빛

작품 설명: 이 작품은 중앙에 자리한 열린 성경에서 나오는 빛은 하나님의 감동과 영감을 상징하
며, 이 빛은 주변 인물들에게 교훈과 지혜를 전달하는 근원으로 표현되어 있습니다.
빛의 표현은 하나님의 말씀이 우리 삶에서 어떤 역할을 하는지, 그리고 그것을 통해
우리가 어떻게 변화하고 성장하는지를 상징적으로 드러냅니다.

성경: 삶의 지도자로서의 빛

성경에 대한 호기심은 우리의 삶에서 깊은 의미와 방향을 찾고자 하는 자연스러운 욕구에서 비롯됩니다. 성경은 단순한 책을 넘어서 우리의 삶에 지침과 영감을 제공합니다.

우리는 모두 살아가면서 방향을 잃기도 하고, 때로는 어떤 결정이 옳은지 확신할 수 없을 때가 있습니다. 성경은 이러한 순간에 우리에게 교훈과 지혜를 제공하며, 올바른 길로 이끌어줍니다. 성경의 말씀은 단순히 과거의 이야기가 아니라 현재 우리의 삶에도 적용되는 영원한 진리를 담고 있습니다.

성경은 또한 우리의 실수와 약점을 드러내고, 우리를 바르게 하는 데 도움을 줍니다. 그것은 우리가 자신을 돌아보고, 성장할 수 있는 기회를 제공합니다. 이는 때로는 도전적일 수 있지만, 우리가 더 나은 사람이 되는 데 필수적인 과정이죠.

가장 중요한 것은, 성경은 우리에게 의로움의 길을 가르쳐준다는 것입니다. 이는 단순히 도덕적인 행위를 넘어서, 타인에 대한 사랑과 존중, 겸손과 자비와 같은 덕목을 실천하는 것을 의미합니다. 성경은 우리가 타인과의 관계에서 어떻게 행동해야 하는지, 어떻게 공동체의 일원으로 살아가야 하는지를 가르쳐줍니다.

　성경에 대한 궁금증을 가진 당신에게, 이 책은 단순한 역사적 문서가 아니라 삶의 길잡이로서의 역할을 할 수 있습니다. 그것은 당신이 직면한 문제에 대한 답을 제공하고, 삶의 의미를 찾는 데 도움을 줄 수 있어요. 성경을 탐구하는 것은 우리가 자신과 세상을 더 깊이 이해하고, 우리의 삶을 더 풍부하게 만드는 과정입니다.

89일 차

히브리서 9:27 한 번 죽는 것은 사람에게 정하신 것이요 그 후에는 심판이 있으리니

작품 제목: 인생과 사후의 심판

작품 설명: 이 작품에는 생명을 상징하는 나무와 사망을 나타내는 떨어지는 나뭇잎이 있습니다. 그리고 눈에 띄는 묘비와 열린 무덤이 전면에 있어, 모든 인간에게 죽음이 확실한 사건임을 강조하고, 그 너머에 심판이 있음을 상징하는 정의의 저울이 그려져 있습니다. 이 분위기는 잔잔하고 반성적이며, 인생의 자연스러운 죽음과 그 이후의 엄숙함을 담고 있습니다.

인생의 마지막 장

　우리 모두의 삶에는 필연적으로 마지막 장이 존재합니다. '한 번 죽는 것은 사람에게 정해진 것이요 그 후에는 심판이 있으리니'(히브리서 9장 27절), 이는 우리가 삶을 어떻게 살아야 하는지에 대한 근본적인 물음을 던집니다.

　삶을 살아가는 데 있어서 각 순간을 어떻게 소중히 여길 것인지, 우리의 행동과 결정이 영원한 가치를 가질 수 있는지에 대해 끊임없이 자문하게 됩니다. 인생의 끝이 어떠하든, 그 과정은 우리 각자의 선택과 행위로 채워집니다. 우리는 삶을 단순한 존재 이상으로 끌어올릴 수 있는 무언가, 즉 의롭고 선한 행위와 긍정적인 영향력으로 채울 책임이 있습니다.

　우리는 직장에서, 가정에서, 사회에서 우리의 행동이 단순히 지금 여기에 영향을 미치는 것이 아니라, 우리의 영혼에 대한 책임을 반영한다는 것을 깨달아야 합니다. 따라서, 각자의 인생은 개인적인 성취를 넘어서 사회에 기여하고, 사랑과 자비를 실천하는 데에 그 가치를 둬야 합니다.

　죽음을 의식하는 삶은 결코 두려움에 빠져 사는 것이 아닙니다. 오히려, 우리가 어떻게 살아야 할지에 대한 명확한 방향을 제시해줍니다. 매 순간 최선을 다하며, 타인에게 선을 행하고, 정직과 진실함을 바탕으로 행동한다면, 죽음의 순간조차 우리는 평화롭게 맞이할 수 있습니다. 그리고 그 심판의 순간에, 우리는 우리의 삶이 단순한 존재에 그치지 않고, 더 높은 가치를 향한 과정이었음을 확신할 수 있을 것입니다.

따라서 죽음이라는 불가피한 순간 앞에서 우리가 가져야 할 자세는, 매 순간을 성실하고 의미 있게 살아가는 것입니다. 우리의 삶이 영원한 가치를 지닌다는 확신 속에서, 선한 행위와 사랑의 실천을 통해 우리의 실존을 규정짓고, 그렇게 우리는 삶과 죽음, 그리고 그 너머의 세계를 준비할 수 있습니다.

야고보서 1:15 욕심이 잉태한즉 죄를 낳고 죄가 장성한즉 사망을 낳느니라

작품 제목: 욕망의 꽃, 죄의 덩굴, 사망의 그림자

작품 설명: 이 작품은 욕망에서 비롯된 죄의 성장과 그로 인한 사망의 과정을 하나의 연속된 이미지로 표현합니다. 작품의 기반은 튼튼한 뿌리로부터 시작해, 아름다운 꽃을 피워 욕망을 나타냅니다. 꽃을 피운 줄기는 점차 꼬이고 어두워져 죄를 상징하는 덩굴로 변모하며, 최종적으로는 사망을 의미하는 해골로 이어집니다. 생명의 탄생과 성장, 그리고 소멸의 순환을 나타내는 이 이미지는 성경 구절의 교훈을 시각적으로 강렬하게 전달합니다.

욕망의 꽃에서 사망의 그림자까지

욕망의 꽃은 그 자체로 아름답고 무해해 보이지만, 그것이 어떻게 관리되고 통제되는지에 따라 그 결과는 매우 다를 수 있습니다.

현대사회에서 욕망은 소비주의, 물질만능주의, 인스턴트 만족을 추구하는 문화로 나타납니다. 우리는 새로운 기술, 패션, 심지어 관계에 이르기까지 끊임없이 무언가를 추구합니다. 이러한 욕망이 잉태할 때, 우리는 자신이 원하는 것을 얻기 위해 타인을 해치거나, 비윤리적인 결정을 내리는 죄로 나아갈 수 있죠.

이러한 욕망이 장성했을 때, 즉 욕망이 우리 삶을 지배하게 됐을 때, 우리는 자신도 모르는 사이에 인간성을 잃고 사망에 이르는 길을 걷고 있을지 모릅니다. 여기서 사망은 단순히 육체적인 죽음을 의미하지 않습니다. 대인관계의 단절, 정신적 고통, 내면의 평화의 상실과 같은 정신적 사망을 포함합니다.

그래서 자제력이 필요합니다. 욕망이 자라나는 것을 완전히 막을 수는 없지만, 그것이 죄로 발전하지 않도록 통제할 수 있어야 합니다. 우리는 욕망을 인지하고, 그것이 우리의 결정과 행동에 어떤 영향을 미치는지를 자각해야 합니다. 더 나아가, 욕망이 우리 삶에 긍정적인 방향으로 작용하도록 적절한 경로를 찾아야 하죠.

그리고 무엇보다도, 욕망을 넘어서 사랑, 연민, 공동체 의식과 같은 더 높은 가치를 추구함으로써, 우리의 내면과 외면 모두에 건강과 평화를 가져올 수 있습니다. 욕망이 죄를 낳고, 죄가 사망을 낳는 순환에서 벗어나려면, 우리는 매 순간 우리의 선택과 행동이 가져올 결과에 대해 깊이 생각하고, 그 결과가 우리 자신과 우리가 속한 사회에 어떤 의미를 갖게 될지 숙고해야 합니다.

야고보서 2:15~17 만일 형제나 자매가 헐벗고 일용할 양식이 없는데 너희 중에 누구든지 그에게 이르되 평안히 가라, 더웁게 하라, 배부르게 하라 하며 그 몸에 쓸 것을 주지 아니하면 무슨 유익이 있으리요 이와 같이 행함이 없는 믿음은 그 자체가 죽은 것이라

작품 제목: 말이 아닌 행동으로

작품 설명: 이 이미지는 추위에 떨고 있는 사람이 따뜻한 마음을 담은 말을 듣고 있으나, 말만으로는 그의 고통을 덜어주지 못하는 현실을 담고 있습니다. 한 사람의 손에는 실제로 그를 따뜻하게 해줄 수 있는 음식을 갖고 있지만, 도움을 제공하고 있는 것은 아닙니다. 이로써 이 작품은 믿음이 행동으로 이어져야 한다는 메시지를 전달하며, 행동 없는 믿음의 무익함을 강조합니다.

마음만의 온기는 충분치 않다

공감이라는 것은 행동으로 옮겨질 때 비로소 그 의미를 찾습니다. 우리의 말이 아무리 따뜻하고 위로가 되더라도, 그것을 실제 행동으로 옮기지 않는다면 그 말은 텅 빈 울림에 불과합니다.

추운 겨울날, 거리의 모퉁이에서 떨고 있는 한 사람을 상상해봅시다. 우리가 그에게 따뜻한 말을 건네며 지나간다면, 그는 과연 우리의 말에 따뜻해질까요? 아니면 우리가 그에게 내복 한 벌을 건네주거나, 한잔의 뜨거운 차를 나눠줄 때 비로소 그의 몸과 마음에 온기가 전해질까요?

우리가 누군가에게 진정으로 공감한다면, 그것은 말뿐 아니라 행동으로도 나타나야 합니다. 삶에서 말로만 위로하는 것이 아닌, 실질적인 도움을 줄 수 있는 방법을 찾아내야 합니다. 그것이 진정한 공감이며, 그것이 바로 우리가 따뜻한 세상을 만들어 가는 변화의 시작입니다.

이렇게 살아가는 많은 분들 덕분에 우리 사회에 온기가 살아 있겠죠?

야고보서 3:6 혀는 곧 불이요 불의의 세계라

작품 제목: 디지털 언어의 불꽃

작품 설명: 이 그림은 강렬한 혀의 불꽃을 중심으로 하여, 현대 디지털 시대의 언어와 커뮤니케
이션을 상징적으로 표현하고 있습니다. 중앙에 위치한 불타는 혀는 우리의 말이 가진
강력한 힘과 열정을 나타내며, 주변을 에워싼 0과 1의 이진 코드는 오늘날 디지털 정
보의 형태로 존재하는 현대 커뮤니케이션의 본질을 상징합니다.

디지털 시대의 언어

우리가 살아가는 현대사회는 더 이상 단순한 말과 글로만 이루어진 공간이 아닙니다. 디지털 기술의 발전은 언어의 본질을 변화시켰습니다.

작품 속 불타는 혀는 우리의 언어가 지닌 열정과 파괴력을 상징합니다. 그러나 주변을 에워싼 이진 코드는 우리가 매일 사용하는 디지털 커뮤니케이션의 구조를 나타냅니다. 이는 우리가 문자를 입력하고 스크린을 통해 대화할 때, 그 뒤에 숨겨진 진실된 감정과 의도를 상기시킵니다. 우리의 말 한마디, 텍스트 한 줄이 디지털 형태로 전송될 때, 그것은 눈에 보이지 않는 불꽃처럼 퍼져나가 사회에 영향을 미칩니다.

이를 삶에 적용한다는 것은 매 순간 우리의 말이 지닌 힘을 의식하고, 그것을 선한 영향력으로 사용하는 것을 의미합니다. 디지털 커뮤니케이션의 편리함 뒤에 숨은 인간의 연결고리를 소중히 여기며, 우리가 전하는 말이 타인의 삶에 긍정적인 영향을 끼치도록 해야 합니다.

우리가 온라인 공간에서 무분별하게 남긴 말은 예상치 못한 결과를 낳을 수 있습니다. 그래서 말 한마디를 던질 때마다, 그것이 건설적인 대화의 촉매가 될지, 아니면 불필요한 오해와 갈등의 불씨가 될지를 고민해야 합니다.

디지털 대화를 나눌 때도 마음에 진정성과 존중을 담아, 상대방에게 전달되는 감정의 온도를 높여야 합니다.

디지털 언어의 세상에서도 우리의 인간미를 잃지 않도록, 디지털 커뮤니케이션을 통해 타인에게 따뜻함과 사랑을 전달하며 살아가면 좋겠습니다. 이러한 자세가 우리 모두를 더 나은 사회로 이끌고, 우리의 언어가 참된 의미에서 세상에 불꽃이 되게 할 것입니다.

베드로전서 1:24~25 그러므로 모든 육체는 풀과 같고 그 모든 영광이
풀의 꽃과 같으니 풀은 마르고 꽃은 떨어지되 오직 주의 말씀은 세세토록
있도다 하였으니 너희에게 전한 복음이 곧 이 말씀이니라

작품 제목: 변함없는 말씀_유한함과 영원함의 조화
작품 설명: 이 유화는 말씀의 영원성과 인간 생명의 덧없음을 표현합니다. 그림 속에서 시들어가
는 풀과 떨어지는 꽃은 인간의 유한함과 세상의 허무함을 상징하며, 이는 인간 삶의
불확실성과 짧은 존재감을 나타냅니다.

반면, 변하지 않는 신의 말씀과 그 영원한 가치를 빛과 영원한 풍경으로 표현하여 하늘의 말씀이
시간을 초월하여 영원히 지속됨을 나타냅니다.

이 그림은 유한한 인간의 삶과 영원한 신의 말씀 사이의 대조를 강조하며, 우리가 살아가는 동안
변하지 않는 가치에 집중할 것을 상기시킵니다. 우리의 삶이 짧고 덧없을지라도, 변함없는 신의
말씀은 우리에게 영원한 지침과 위안을 제공합니다.

변함없는 진리 속에 피는 삶의 꽃

우리가 살아가는 세계는 끊임없이 변화합니다. 기술의 발전, 사회의 변동, 개인적인 경험의 변화는 우리의 일상을 계속해서 새롭게 만듭니다. 그러나 이 모든 변화 속에서도 변함없이 남아 있는 것이 있으니, 바로 영원한 진리입니다.

영원한 진리는 시간이나 장소에 구애받지 않는 가치, 원칙, 사랑, 정의와 같은 개념을 포함합니다. 이러한 진리는 우리의 내적인 나침반 역할을 하며, 우리가 마주치는 수많은 선택과 도전 앞에서 올바른 길을 가리키는 빛과 같습니다. 변화하는 환경 속에서도 이러한 진리에 기반을 둔 삶은 깊은 만족감과 평화를 가져다줍니다.

진리를 추구하는 것은 자기 자신을 이해하는 과정과도 맞닿아 있습니다. 우리가 무엇을 진실로 가치 있게 여기는지, 어떤 원칙에 따라 살고자 하는지를 알아감으로써, 우리는 자신만의 정체성을 구축하고 자신이 속한 세계에 대해 더 깊이 이해하게 됩니다. 이러한 이해는 우리가 다른 사람들과 보다 깊은 관계를 맺고, 우리의 삶과 타인의 삶을 보다 의미 있게 만드는 데 도움을 줍니다.

진리는 자신을 알고 세상을 이해하는 열쇠입니다.

베드로후서 2:15 저희가 바른길을 떠나 미혹하여
브올의 아들 발람의 길을 좇는도다. 그는 불의의
삯을 사랑하다가

작품 제목: 발람의 선택_두 길의 교차

작품 설명: 이 작품은 두 길이 교차하는 순간을 포착하여, 발람이 황금으로 포장된 유혹의 길을
선택하는 모습을 담고 있습니다. 오른쪽은 화려하고 빛나는 길로, 부와 탐욕의 상징들
로 가득 차 있으며, 왼쪽은 평화롭고 자연스러운 길로, 진리와 올바름을 나타냅니다.
발람은 나귀를 타고 화려한 길로 들어서는 순간을 그렸으며, 이는 영적 가치보다 물질
적 유혹을 택하는 인간의 모습을 상징적으로 보여줍니다. 이 작품은 올바른 길과 그릇
된 길 사이의 결정이 개인의 운명을 어떻게 결정짓는지를 강조합니다.

선택의 순간에 서서

    카페의 창가에 앉아, 젊은 청년은 호수를 바라보며 깊은 고민에 잠겼습니다. 호수의 맑은 물결은 마음의 거울이 되어, 그의 혼란스러운 생각들을 비추었어요. 바람의 길처럼, 그는 매일 매 순간 선택의 기로에 서 있습니다. 화려한 성공의 길을 걸을 것인가, 아니면 겸손과 정직이 이끄는 길을 택할 것인가?

    이 청년에게 닥친 선택의 순간은 단순히 경력의 방향을 결정하는 것 이상입니다. 그것은 그의 영혼을 어디로 인도할지, 그의 삶이 어떤 가치를 반영할지를 결정하는 순간이죠. 잠시 멈춰 서서, 그는 호수의 평온함 속에서 자신의 내면을 들여다봅니다. 부와 명예의 유혹은 강렬하지만, 그는 알고 있습니다. 진정한 만족과 평화는 외적인 성취가 아닌, 내면의 가치에서 비롯된다는 것을.

    호수에 비친 자신의 모습을 한참 동안 쳐다봅니다. 올바른 길은 항상 화려하게 빛나지 않을 수도 있지만, 그 길이 가져다주는 평안과 자부심은 금과 같은 물질적 가치로는 측정할 수 없음을 압니다.

    그는 이해하죠. 우리의 선택은 단지 현재의 우리를 위한 것만이 아니라는 것을요. 그것은 미래의 우리, 우리의 가족, 그리고 우리가 속한 사회에 영향을 미친다는 것을 압니다. 그래서 그는 깊은 숨을 들이쉬고, 가장 진실된 자신의 목소리를 듣기로 했어요. 그래서 부와 성공의 유혹을 넘어서, 그는 자신의 진정한 부를 찾아 나섰습니다. 이 부는 물질적인 것이 아니라, 사랑, 정의 그리고 사람과 사람 사이의 따뜻한 연결에서 비롯된 것입니다.

청년은 마음을 결정했습니다. 호수가 반영하는 것처럼, 그의 삶 또한 진실과 선의 가치를 반영하기로. 그리고 그는 가벼운 발걸음으로 카페를 떠납니다. 내면의 평화와 자신의 선택에 대한 확신을 가지고.

걱정 말아요. 그 길은 진정한 부를 좇아 스스로 선택한 길이니까요.

요한일서 4:18 사랑 안에 두려움이 없고 온전한 사랑이 두려움을 내어 쫓나니

작품 제목: 완전한 사랑의 힘

작품 설명: 이 그림은 사랑의 깊이와 힘을 두려움 앞에서 어떻게 나타내는지를 아름답게 표현하고 있습니다. 천사는 완전한 사랑의 상징으로, 그의 화려하고 넓은 날개는 사랑의 보호와 안전을 나타냅니다. 아래쪽에 있는 인물은 우리 인간의 취약성과 두려움을 상징하며, 그가 천사를 향해 손을 뻗는 모습은 완전한 사랑을 향한 그의 갈망을 보여줍니다. 그림의 색상과 빛은 사랑의 온기와 두려움을 물리치는 힘을 강조합니다.

완전한 사랑의 힘: 두려움을 넘어서

사람은 두려움 앞에서 쉽게 흔들리는 존재입니다. 우리의 삶은 끊임없이 예측할 수 없는 미래, 알 수 없는 결과, 그리고 미지의 세계 앞에서 두려움을 느끼며 연속됩니다. 그러나 성경은 우리에게 '완전한 사랑은 두려움을 쫓아낸다'는 위로의 말을 전해주죠. 그렇다면 완전한 사랑이란 무엇일까요?

완전한 사랑은 조건 없이 주어지는 것입니다. 그것은 우리의 실수, 취약점, 또는 부족함에도 불구하고 항상 우리를 받아들이고 용서해주는 것입니다. 천사의 화려하고 넓은 날개 아래, 우리는 보호받고, 안전하게 느낄 수 있습니다. 이러한 사랑은 우리를 두려움에서 해방시키고, 불확실성의 세계에서도 우리에게 힘과 용기를 주어 삶을 계속 나아가게 합니다.

두려움은 어두운 그림자처럼 우리의 마음에 스며듭니다. 그것은 미래의 불확실성, 잃어버릴 수 있는 것들, 그리고 통제할 수 없는 상황들 앞에서 발생합니다. 그러나 사랑은 그림자를 밝게 비추는 빛과 같아요. 그 빛 앞에서 두려움은 사라지며, 우리는 새로운 가능성과 기회를 발견하게 되죠.

성경에서 말하는 완전한 사랑은 하나님의 사랑을 의미합니다. 그것은 조건 없이 모든 이에게 주어지는 무한한 사랑이에요. 그리고 이 사랑을 받아들이면 우리의 마음은 평화와 기쁨으로 가득 차게 됩니다. 두려움 앞에서도 뒤돌아보지 않고, 항상 앞으로 나아가게 되는 그런 사랑입니다. 완전한 사랑은 우리의 삶을 변화시키며, 두려움의 체인을 끊고 새로운 시작을 가능하게 해주는 힘입니다. 그리고 이러한 사랑을 받아들이면 우리는 더 강력하고 행복한 존재가 될 수 있습니다.

유다서 1:11 화 있을찐저 이 사람들이여 가인의 길에 행하였으며

작품 제목: 가인의 길_질투와 분노의 결과
작품 설명: 성경의 창세기에서 가인은 질투와 분노에 사로잡혀 형제 아벨을 살해합니다. 이 순간
　　　　　은 인류 역사상 첫 번째 살인으로 기록됩니다.

그림의 중심에는 감정의 소용돌이에 휩싸인 가인의 모습이 있습니다. 그의 얼굴은 내면의 갈등
과 죄책감으로 일그러져 있으며, 형제 아벨을 살해한 순간의 충격과 그로 인한 결과가 그의 표정
과 자세에 반영되어 있습니다. 아벨의 모습은 비극적인 죽음을 나타내며, 배경은 이 사건의 심각
한 결과를 상징적으로 묘사합니다.

가인의 길은 경고의 메시지로, 우리 모두가 자신의 감정을 조절하고, 다른 사람들과의 관계에서
사랑과 이해를 실천할 필요가 있음을 일깨웁니다.

질투와 분노의 대가

우리는 종종 가인의 길을 질투와 분노의 상징으로 기억합니다. 창세기에 따르면, 가인은 자신의 제물이 하나님께 받아들여지지 않았다는 이유로 형제 아벨을 살해했습니다.

가인의 이야기는 깊은 깨달음을 줍니다. 우리의 삶에서 질투와 분노는 불가피한 감정일 수 있지만, 이를 제어하고 올바르게 관리하는 것이 중요합니다. 감정이 이성을 압도할 때, 우리는 종종 잘못된 결정을 내리고, 나중에 후회하게 됩니다. 가인의 길은 우리에게 자신의 감정을 이해하고, 그것을 긍정적인 방식으로 표현하는 법을 배우라고 강조합니다.

가인의 이야기는 또한 행동의 결과에 대한 중요한 교훈을 줍니다. 각 행동에는 결과가 따르며, 때로는 우리의 행동이 의도치 않은 부정적인 결과를 가져올 수 있습니다. 가인은 자신 행동의 결과로 영원한 유리와 떠돌이의 삶을 살게 됩니다. 우리의 결정과 행동이 우리 자신과 타인에게 미치는 영향을 고려하는 것은 중요합니다.

개인의 행동과 결정은 종종 넓은 범위에 영향을 미치며, 사회적, 정서적 결과를 초래할 수 있습니다. 우리는 자신의 행동과 그 결과에 대해 신중하게 생각하고, 사회의 일원으로서 책임감 있는 행동을 해야 합니다.

　가인의 길에서 배울 수 있는 것은 질투와 분노를 넘어서는 것입니다. 그것은 인간관계의 중요성, 사회적 책임, 그리고 자신의 행동이 더 큰 맥락에서 어떤 의미를 갖는지에 대한 깊은 이해를 요구합니다. 가인의 길은 우리에게 더 나은 사람이 되고, 더 건강한 사회를 만들기 위한 도전을 제시합니다.

유다서 1:11 화 있을찐저 이 사람들이여 … 고라의 패역을 좇아 멸망을 받았도다

작품 제목: 고라의 패역

작품 설명: 이 그림은 고라의 패역을 성경적 관점에서 묘사하고 있습니다. 고라의 패역은 이스라엘의 제사장직에 도전한 고라와 그의 동지들이 하나님의 심판을 받은 사건입니다.

그림에서는 고라와 그의 추종자들이 한쪽에 서서 모세와 아론에 맞서고 있는 장면을 보여줍니다. 이는 고라가 모세와 아론의 지도력과 하나님에 의해 부여된 권위에 도전하는 순간입니다.

고라의 패역에서 배우는 삶의 교훈

고라와 그의 동지들은 모세와 아론의 권위에 도전했고, 이는 궁극적으로 파멸로 이어졌습니다. 이 이야기는 권력에 대한 욕망, 인간의 오만, 그리고 하나님에 대한 불신이 어떻게 파괴적인 결과를 초래할 수 있는지를 보여줍니다.

고라의 패역에서 우리는 권력에 대한 탐욕이 어떻게 개인과 조직에 해를 끼치는지를 배웁니다. 오늘날 사회에서도, 권력과 지위를 추구하는 과정에서 타인을 경시하거나 무시하는 행위는 종종 볼 수 있습니다. 고라의 이야기는 우리에게 권력을 얻기 위한 수단과 목적이 정의롭고 합리적이어야 함을 깨닫게 합니다.

또한, 고라의 패역은 인간의 오만에 대한 경고의 메시지를 담고 있습니다. 고라는 자신의 판단과 욕망이 모세와 아론이라는 하나님이 선정한 지도자들보다 우월하다고 여겼습니다. 이처럼 자신의 능력을 과대평가하고 타인을 과소평가하는 오만은 자신뿐만 아니라 주변 사람들에게도 해를 끼칠 수 있습니다.

마지막으로, 우리에게 믿음과 순종의 중요성을 일깨웁니다. 고라의 패역은 하나님의 뜻에 대한 불신에서 비롯된 것이었습니다. 우리 삶에서도, 때로는 보이지 않는 미래에 대한 믿음을 가지고, 현재의 어려움을 견디는 인내가 필요합니다. 믿음과 인내는 우리가 직면하는 도전들을 극복하는 데 있어 중요한 역할을 합니다.

98일 차

요한계시록 2:4~5 그러나 너를 책망할 것이 있나니 너의 처음 사랑을 버렸느니라. 그러므로 어디서 떨어진 것을 생각하고 회개하여 처음 행위를 가지라. 만일 그리하지 아니하고 회개치 아니하면 내가 네게 임하여 네 촛대를 그 자리에서 옮기리라

작품 제목: 사랑과 성찰의 계단
작품 설명: 이 예술 작품은 심오한 내적 여정과 변화의 순간을 포착합니다. 각 요소는 인간 정신의 깊이와 복잡성을 시각적으로 보여주고 있습니다.

계단은 삶의 단계적인 과정과 영적 성장을 상징합니다. 작품에서 계단은 영광의 빛으로 이어지며, 각 단계는 개인이 겪는 성찰과 변화의 순간들을 나타냅니다. 계단의 상단에 앉은 생각에 잠긴 인물은 우리 각자의 내면을 들여다보며, 우리의 열정과 사랑이 어디에서 흐트러졌는지를 상기시키는 상징입니다. 그의 자세는 반성과 회개를 나타내며, 이는 영적 회복과 성찰의 길을 걷고 있음을 암시합니다.
반면에, 떨어지는 앙상한 나뭇가지와 사람 형상은 무언가가 상실되었음을 나타내는 강력한 이미지입니다. 이 요소들은 한때 생명력이 넘쳤으나 이제는 떨어져 나간 사랑과 열정의 상실을 표현합니다. 이러한 하강은 정신적, 영적 공허를 상징하며, 내면의 연결고리가 끊어진 것을 시각화합니다.

이 작품은 상실과 회복의 사이클을 아름답고 감정적으로 표현함으로써, 자신의 삶에서 잃어버린 열정과 사랑을 되찾으려는 반성, 회복과 성장을 위한 영감을 제공합니다.

사랑의 계단을 오르며

우리 각자의 삶에는 '사랑의 계단'이 존재하며, 이 계단을 오르내리며 우리는 다양한 감정과 경험을 하게 됩니다.

우리 모두는 한때 뜨거웠던 열정과 순수한 사랑을 가지고 있었습니다. 이는 청춘의 꿈, 첫사랑의 설렘, 새로운 시작의 두근거림일 수 있습니다. 그러나 삶 속에서 우리는 종종 그 열정을 잃어버리고, 사랑은 점점 더 멀어져만 갑니다.

'우리는 어떻게 처음의 사랑과 열정에서 멀어졌는가?'

우리는 삶의 어느 순간에 정신적, 영적으로 공허해질 수 있습니다. 그러나 이러한 상실감 속에서도 우리는 희망의 빛을 발견할 수 있어야 합니다. 바로 회개와 성찰을 통해 처음 사랑을 다시 찾을 수 있어야 합니다.

끊임없이 자신을 돌아보고, 우리가 사랑했던 것, 열정을 느꼈던 것을 회복해나가야 합니다. 그것은 관계에서든, 직업에서든, 또는 우리의 취미나 신념에서든 마찬가지입니다. 우리는 처음 사랑을 잃어버렸을 때, 그것이 어디에 있었는지, 어떻게 우리가 그것을 다시 찾을 수 있는지를 고민해야 합니다.

'사랑의 계단'을 다시 오르는 것은 쉽지 않은 과정입니다. 하지만 이 과정을 통해 우리는 더욱 강해지고, 우리의 삶에 더 깊은 의미를 부여할 수 있습니다. 우리가 처음 가졌던 사랑과 열정을 되찾기 위한 노력은, 우리를 더욱 완전하고 풍요로운 인간으로 만들어줄 것입니다.

99일 차

내가 네 행위를 아노니 네가 차지도 아니하고 더웁지도 아니하도다.
네가 차든지 더웁든지 하기를 원하노라. 네가 이같이 미지근하여 더웁지도
아니하고 차지도 아니하니 내 입에서 너를 토하여 내치리라

작품 제목: 영적 단호함_여호와의 결단
작품 설명: 이 작품 중심에는 여호와 하나님의 위엄 있는 얼굴과 크게 벌린 입이 있으며, 이 입
           에서 미지근한 영성을 상징하는 인물이 토해져 나왔습니다. 여호와의 얼굴은 장엄하
           고 강력한 표현으로 묘사되어, 영적인 미온적 태도에 대한 그분의 단호한 거부를 상
           징합니다.

배경에는 열정을 상징하는 불꽃과 냉담함을 나타내는 얼음이 대조적으로 그려져 있습니다. 이러
한 대조는 영적 열정과 무관심 사이의 심오한 차이를 나타냅니다. 작품 전체는 강렬한 색상과 역
동적인 브러시 스트로크를 사용하여 영적인 무관심에 대한 심각한 경고를 전달합니다.

이 그림은 영적인 결단의 중요성을 강조합니다. 여호와의 결단은 미지근한 신앙을 받아들이지
않음을 명확히 합니다.

열정과 미온성

인생의 길에서 우리는 열정과 미온성이라는 두 갈림길에 자주 서게 됩니다. 열정은 우리 내면의 불꽃을 지피고, 우리가 꿈꾸는 삶을 향해 전진하게 하는 힘입니다. 반면, 미온성은 때로 우리의 발걸음을 무겁게 하고, 가능성의 문턱에서 우리를 주저하게 만듭니다. 이 두 감정은 우리 삶에서 서로 대립되면서도, 우리가 어떤 인생을 살아갈지 결정하는 데 중요한 역할을 합니다.

열정은 우리 삶에 활력을 불어넣습니다. 우리가 정말로 원하는 것에 대한 열망이 강할 때, 우리는 더 많은 에너지를 발산하고, 어려움을 극복하며, 우리의 목표를 향해 나아갑니다. 열정은 우리를 강하게 만들고, 우리의 꿈을 실현하기 위해 필요한 인내와 끈기를 부여합니다. 열정이 있을 때, 우리는 자신과 우리가 속한 세상을 변화시킬 수 있는 힘을 가지게 됩니다.

그러나, 모든 열정이 긍정적인 결과로 이어지는 것은 아닙니다. 때로는 열정이 지나치면 우리를 지치게 하고, 주변 사람들과의 관계를 해치거나, 우리의 건강을 위협할 수도 있습니다. 이때 필요한 것이 바로 균형입니다. 열정을 추구하면서도 우리의 한계와 주변 사람들의 필요를 인식하는 것이 중요합니다.

반면, 미온성은 우리의 성장을 방해할 수 있는 감정입니다. 무관심과 주저함으로 가득 찬 미온성은 우리가 잠재력을 발견하고, 새로운 기회를 탐색하며, 삶을 최대한으로 살아가는 것을 막습니다. 미온성은 우리로 하여금 행동하기보다는 상황을 그저 받아들이게 만들고, 우리의 꿈과 목표에 대해 회의적으로 만듭니다.

그럼에도 불구하고, 미온성 역시 그 자체로 우리에게 필요합니다. 때로는 우리의 주저함이 우리에게 더 신중하게 생각하고, 우리의 결정에 대해 더 깊이 반성할 기회를 제공합니다. 중요한 것은 미온성에 머물러 있지 않고, 우리 내면의 열정을 발견하여 우리의 삶을 주도적으로 이끌어가는 것입니다.

우리의 도전은 이 두 감정 사이에서 우리 자신에게 가장 진실한 길을 찾는 것입니다. 열정으로 가득 찬 삶을 추구하되, 그 과정에서 우리의 마음이 우리를 어디로 이끌고 있는지 항상 귀 기울이는 것이 중요합니다.

요한계시록 12:7 하늘에 전쟁이 있으니 미가엘과 그의 사자들이 용과 더불어 싸울새 용과 그의 사자들도 싸우나

작품 제목: 천상의 전투_미가엘과 용의 대결

작품 설명: 이 작품은 미가엘과 그의 천사들이 용과 그의 추종자들과의 전투에서 이기는 모습을 묘사하고 있습니다. 그림에서 미가엘은 빛나는 갑옷을 입고, 힘과 정의의 상징으로서 중앙에 위치해 있습니다. 그의 모습은 용맹과 결단력을 표현하며, 빛의 존재로서 그의 신성함과 지도력을 나타냅니다.

미가엘과 그의 천사들은 하늘을 배경으로 우아하고 강렬한 자태로 그려져 있으며, 그들은 질서와 조화를 상징합니다. 반면, 용과 그의 사자들은 어둡고 위협적인 이미지로 표현되어 있으며, 혼돈과 악의 세력을 나타냅니다. 이 두 세력 간의 충돌은 극적인 대비를 이루며, 선과 악, 빛과 어둠의 영원한 대결을 상징합니다.

미가엘과 그의 천사들이 승리하는 모습은 희망과 구원의 메시지를 전달하며, 용과 그의 사자들이 물러나는 장면은 정의와 선의 승리를 나타냅니다. 미가엘과 그의 천사들의 승리는 우리 각자의 삶에서도 선이 악을 이길 수 있다는 희망을 상기시켜 줍니다.

루시엘의 오류

루시엘의 이야기는 잘못된 인식과 자만심이 어떻게 재앙으로 이어질 수 있는지를 극적으로 보여줍니다. 하나님에 대한 오해와 자신의 위치에 대한 잘못된 평가가 그를 루시퍼로 전락시켰습니다. 루시엘은 하나님의 사랑이 인간에게 향함으로써 천사들에 대한 사랑이 감소한다고 잘못 인식했습니다. 이는 하나님의 무한한 사랑의 본질을 이해하지 못한 근본적인 오류였습니다. 이러한 오류에서 우리는 인생을 살아가면서 유지해야 할 중요한 자세를 배울 수 있습니다.

첫째, 우리는 겸손해야 합니다. 루시엘의 자만심이 그의 추락의 원인이었습니다. 우리는 우리 자신과 우리의 한계를 인식하고, 우리보다 더 큰 존재나 원리에 대한 존중과 경외심을 가져야 합니다. 겸손은 우리를 현실적이고, 이해심 있는 존재로 만들어줍니다.

둘째, 오해와 편견을 피해야 합니다. 루시엘은 하나님의 사랑을 오해했고, 그 오해가 그를 멸망으로 이끌었습니다. 우리는 다른 사람들이나 상황에 대해 성급한 판단을 피하고, 보다 깊이 이해하려는 노력을 해야 합니다.

셋째, 변화와 발전을 위한 열린 마음을 가져야 합니다. 루시엘은 자신의 생각과 태도를 바꾸려 하지 않았고, 그 결과는 비극적이었습니다. 우리는 삶에서 변화와 새로운 기회를 받아들이고, 자신을 발전시키기 위해 노력해야 합니다.

우리의 미래를 위해 자만심을 버리고 겸손을 택하며, 상황을 올바르게 이해하고, 항상 성장하고자 하는 마음을 가져야 합니다. 이러한 자세는 우리가 루시퍼와 같은 길을 걷지 않도록 보호해주고, 보다 성숙하고 이해심 있는 존재로 성장하게 할 것입니다.

[에필로그]

그림 한 장을 완성하기까지 때로는 이틀이 걸리기도 했습니다. 마음에 드는 한 장의 이미지를 얻기 위해 수십 번의 프롬프트를 바꿔가며 실험하는 과정을 거치기도 했습니다. 이 과정에서 100개의 성경 그림을 완성하는 것은 단순한 작업의 연속이 아니었습니다. 각 그림은 자체적으로 하나의 생명이 잉태되는 과정이었고, 이 과정의 매 순간은 재창조의 아픔과 기쁨이 공존했습니다. 사막을 건너는 여행자처럼 때로는 방향을 잃고, 때로는 오아시스를 발견하는 기쁨을 맛보기도 했습니다.

무언가를 재창조한다는 것은 때때로 고독하고, 끝없이 힘든 과정이었습니다. 특히, 마음에 드는 결과물을 얻지 못했을 때의 실망감은 때로는 저를 지치게 했습니다. 그런 순간들에서도, 저는 계속해서 앞으로 나아가야 했습니다. 왜냐하면, 이 책을 기다리는, 아니 꼭 선물로 주고 싶은 누군가가 있기 때문입니다. 아무 관계도 없는 사람의 책을 사서 주는 선물이 아닌, 저의 마음과 정성을 쏟아 만든 책을 선물해주고 싶었습니다. 그리고 그림과는 상관없이 살 것만 같았던 제가 AI 이미지 생성기를 우연히 만난 것을 그냥 스쳐 보내고 싶지 않았습니다. 제2의 인생을 함께 걸어갈 동반자로 만들어보고 싶었습니다. 군인도, 50대 중반에도, 손 그림에는 똥손일지라도 노력하면 할 수 있다는 것을 보여주고 싶었습니다. 이제 10대, 20대인 아들 딸에게 자기의 길을 만들어가는 모습을 보여주고 싶었습니다. 이것이 힘든 순간들 속에서도, 포기할 수 없는 동력이 되었습니다.

AI 이미지 생성기를 활용해 이 모든 그림을 그리고 이 결과물을 책으로 출간하는 것은 저에게 큰 기쁨입니다. 어려움 속에서도 계속해서 노력한 끝에 얻은 깨달음은, 결국 우리의 노력은 값진 결실을 맺는다는 것이었습니다. 이 100개의 성경 그림은 단지 종이 위의 색채가 아닌, 하나님의 말씀과 제 신앙의 차원을 한 단계 높인 증거입니다. 그리고 이 과정의 끝에서 저는 AI 아티스트로서 한 걸음 더 성장했고, 재창조의 신비로움을 한층 더 깊이 이해하게 되었습니다. 이 책은 저의 예술적 탐구뿐만 아니라, 기술을 통한 재창조 가능성을 탐색한 기록입니다.

마지막으로 AI의 낯선 세계로 길을 떠나는 여행자의 마음에 용기와 새로운 AI 기술 정보를 끊임없이 가르쳐주며 성장하도록 도와주신 노주나 한국기독AI작가협회 대표이사님과 협회분들, 김예은 한국AI작가협회 이사님과 협회원 여러분들, 무엇보다 낯선 세계로 도전하는 데 응원을 아끼지 않은 가족들에게 진심으로 감사합니다.

이제, ISTJ 군인에서 INFJ AI 아티스트 '리시안탁'으로 삶의 여행을 하면서 독자 여러분께 인사드리겠습니다.

성경의 쓸모

초판인쇄 2024년 06월 28일
초판발행 2024년 06월 28일

지은이 임승탁
펴낸이 채종준
펴낸곳 한국학술정보(주)
주 소 경기도 파주시 회동길 230(문발동)
전 화 031-908-3181(대표)
팩 스 031-908-3189
홈페이지 http://ebook.kstudy.com
E-mail 출판사업부 publish@kstudy.com
등 록 제일산-115호(2000. 6. 19)

ISBN 979-11-7217-422-4 03230